W0035831

Freude für deine Seele

Freude
für deine
Seele

Ostergedanken

benno

Bibliografische Information der Deutschen Bibliothek
Die Deutsche Bibliothek verzeichnet diese Publikation
in der Deutschen Nationalbibliografie;
detaillierte bibliografische Daten sind im Internet über
http://dnb.ddb.de abrufbar.

Besuchen Sie uns im Internet unter:
www.st-benno.de

ISBN 978-3-7462-2582-1

© St. Benno-Verlag GmbH
Stammerstr. 11, 04159 Leipzig
Umschlaggestaltung: Ulrike Vetter, Leipzig, unter Verwendung
eines Fotos von © mauritius images/Ludwig Mallaun
Gesamtherstellung: Kontext, Lemsel (A)

INHALT

*W*ie das Licht am Ostermorgen,
so leuchte uns dein Segen.
Christus ist auferstanden:
Möge sein Friede uns beflügeln
und seine Freude uns anrühren.
Christus ist auferstanden.
In diesem Glauben bewahre uns
der allmächtige Gott.

Irisches Segensgebet

1. KAPITEL
DER HERR IST AUFERSTANDEN

Da ging auch der andere Jünger, der zuerst an das Grab gekommen war, hinein; er sah und glaubte.

Joh 20,8

$\mathcal{N}$ach dem Sabbat kamen in der Morgendämmerung des ersten Tages der Woche Maria aus Magdala und die andere Maria, um nach dem Grab zu sehen.

Plötzlich entstand ein gewaltiges Erdbeben; denn ein Engel des Herrn kam vom Himmel herab, trat an das Grab, wälzte den Stein weg und setzte sich darauf. Seine Gestalt leuchtete wie ein Blitz und sein Gewand war weiß wie Schnee. Die Wächter begannen vor Angst zu zittern und fielen wie tot zu Boden. Der Engel aber sagte zu den Frauen: Fürchtet euch nicht! Ich weiß, ihr sucht Jesus, den Gekreuzigten. Er ist nicht hier; denn er ist auferstanden, wie er gesagt hat. Kommt her und seht euch die Stelle an, wo er lag. Dann geht schnell zu seinen Jüngern und sagt ihnen: Er ist von den Toten auferstanden. Er geht euch voraus nach Galiläa, dort werdet ihr ihn sehen. Ich habe es euch gesagt.

Sogleich verließen sie das Grab und eilten voll Furcht und großer Freude zu seinen Jüngern, um ihnen die Botschaft zu verkünden.

Plötzlich kam ihnen Jesus entgegen und sagte: Seid gegrüßt! Sie gingen auf ihn zu, warfen sich vor ihm nieder und umfassten seine Füße. Da

sagte Jesus zu ihnen: Fürchtet euch nicht! Geht und sagt meinen Brüdern, sie sollen nach Galiläa gehen, und dort werden sie mich sehen.

Matthäus 28,1-10

OSTERNACHT

*B*ruder Christus,
du hast alles gekannt und alles erlebt:
Verraten und verkauft von Judas,
geleugnet und abgeschrieben von Petrus,
von Ferne beobachtet von den Jüngern –
hast du durch Not und Tod
das Vertrauen zu deinem Vater,
unserem Gott, nicht begraben.
Als alle dich im Stich ließen,
hast du dich nicht von ihnen losgesagt.
Als sie dich aufs Kreuz legten,
hast du um Verständnis gebeten:

Vergib ihnen, Vater, sie wissen nicht, was sie tun.
Bruder Christus,
du hast Gott mehr gehorcht als den Mächtigen,
und deine Fahne hast du nicht nach dem Wind
gehängt.
Du hast dich von ihnen nicht abhängig gemacht,
sondern warst bis in den Tod von Gott abhängig.
Bis zum letzten Atemhauch bist du eingestanden
für die, die dich bloßstellten,
die dir die Kleider vom Leibe rissen
und dich schlugen.
Du hast sie nicht verflucht, nicht sie, nicht Gott.
Sie haben dich nicht kleingekriegt,
nicht damals, nicht heute.
Du lebst unter uns, und wir lernen,
auf Gott zu vertrauen,
wie du es getan hast –
bis in die Reiche des Todes.
Du bist auferstanden, Christus,
du bist wahrhaftig auferstanden.

Uwe Seidel

NOTIZBLÄTTER UM OSTERN

*E*s gehört zu der Stimmung und eigentümlich lockeren Konsistenz der späten Lebenstage, dass das Leben sehr an Wirklichkeit, oder Wirklichkeitsnähe, verliert, dass die Wirklichkeit, an sich schon eine etwas unsichere Dimension des Lebens, dünner und durchsichtiger wird, dass sie ihren Anspruch an uns nicht mehr mit der früheren Gewalt und Rücksichtslosigkeit geltend macht, dass sie mit sich reden, mit sich spielen, mit sich handeln lässt. Die Wirklichkeit für uns Alte ist nicht mehr das Leben, sondern der Tod, und den erwarten wir nicht mehr von außen, sondern wissen ihn in uns wohnen; wir wehren uns zwar gegen die Beschwerden und Schmerzen, die seine Nähe uns bringt, nicht aber gegen ihn selbst, wir haben ihn angenommen, und wenn wir uns etwas mehr als früher hüten und pflegen, so hüten und pflegen wir ihn mit, er ist bei uns und in uns, er ist unsre Luft, unsre Aufgabe, unsre Wirklichkeit.

Darüber verliert nun die Umwelt und Wirklichkeit, die uns einst umgab, sehr viel an Realität, ja sogar

an Wahrscheinlichkeit, sie ist nicht mehr selbstverständlich und unbestritten gültig, wir können sie bald annehmen, bald ablehnen, wir haben eine gewisse Macht über sie. Das tägliche Leben gewinnt dadurch eine Art von spielerischer Surrealität, die alten, festen Systeme gelten nicht mehr so recht, die Aspekte und Akzente haben sich verschoben, die Vergangenheit stieg im Verhältnis zur Gegenwart hoch im Wert, und die Zukunft interessiert uns überhaupt nicht mehr ernstlich. Damit bekommt unser Verhalten im Alltag, von der Vernunft und von den alten Regeln aus betrachtet, etwas Verantwortungsloses, Unernstes, Spielerisches, es ist jenes Verhalten, das der Volksmund »Kindischwerden« nennt. Es ist viel Richtiges daran, und ich zweifle nicht, dass ich ahnungslos und zwangsläufig eine Menge von kindischen Reaktionen auf die Umwelt hervorbringe. Doch geschehen sie, wie die Beobachtung mich lehrt, durchaus nicht immer ahnungslos und unkontrolliert. Es kann von alten Leuten Kindisches, Unpraktisches, Unrentables und Spielerisches auch bei vollem (oder halbem?) Bewusstsein und mit einer ähnlichen Art von Spielgenuss getan werden, wie ihn das Kind empfindet, wenn es mit der Puppe spricht

oder lediglich durch seine eigene Stimmung und Gesinnung den kleinen Küchengarten der Mutter in einen von Tigern, Schlangen und feindlichen Indianerstämmen belebten Urwald umzaubert.

Ein Beispiel: Dieser Tage ging ich des Vormittags nach gelesener Post in den Garten. Ich sage »Garten«, doch ist es in Wirklichkeit ein ziemlich steiler und sehr im Verwildern begriffener Grashang mit einigen Rebenterrassen, wo die Rebstöcke zwar von unsrem alten Taglöhner gut gehalten werden, alles andre aber die heftige Tendenz zeigt, sich in Wald zurückzuverwandeln. Wo vor zwei Jahren noch Wiese war, da ist das Gras jetzt dünn und kahl, statt seiner gedeihen Anemonen, Salomonssiegel, Einbeere, Heidelbeere, da und dort auch schon Brombeere und Heidekraut, dazwischen überall wolliges Moos. Dies Moos samt seinen Nachbarpflanzen müsste von Schafen abgeweidet und der Boden von ihren Hufen festgetreten werden, um die Wiese zu retten, aber wir haben keine Schafe und hätten für die gerettete Wiese auch keinen Dung, und so kriecht das zähe Wurzelgeflecht der Heidelbeere und ihrer Kameraden von Jahr zu Jahr tiefer ins Grasland hinein, dessen Erde damit wieder zu Waldboden wird.

Je nach Laune sah ich dieser Rückverwandlung mit Unmut oder mit Vergnügen zu. Manchmal mache ich mich über ein Stückchen der sterbenden Wiese her, gehe dem wuchernden Wildwuchs mit Rechen und Fingern zu Leibe, kämme ohne Erbarmen die Moospolster zwischen den bedrängten Grasbüscheln heraus, reiße ein Körbchen voll Heidelbeerkraut mit den Wurzeln aus, ohne doch an einen Nutzen dieses Tuns zu glauben, wie denn meine Gärtnerei im Lauf der Jahre ganz zu einem Einsiedlerspiel ohne praktischen Sinn geworden ist, das heißt einen solchen Sinn hat es nur für mich allein, als persönliche Hygiene und Ökonomie. Ich brauche, wenn die Schmerzen in Augen und Kopf zu lästig werden, einen Wechsel der mechanischen Tätigkeit, eine physische Umstellung. Die in langen Jahren von mir zu diesem Zweck erfundene gärtnerische und köhlerische Scheinarbeit hat nicht nur dieser körperlichen Umstellung und Entspannung zu dienen, sondern auch der Meditation, dem Fortspinnen von Phantasiefäden und der Konzentration von Seelenstimmungen. – Zuweilen also suche ich meiner Wiese das Waldwerden etwas zu erschweren. Ein andermal bleibe ich vor jenem Erdwall

stehen, den wir vor mehr als zwanzig Jahren am Südrand des Grundstücks aufgeworfen haben, er besteht aus der Erde und den zahllosen Steinen, die beim Ziehen eines Schutzgrabens, zur Abhaltung des benachbarten Waldes, ausgehoben wurden, und war einst mit Himbeeren bepflanzt. Jetzt ist dieser Wall mit Moos, Waldgräsern, Farnen, Heidelbeeren überzogen, und einige schon ganz stattliche Bäume, namentlich eine schattige Linde, stehen dort als Vorposten des langsam wieder andrängenden Waldes. Ich hatte, an diesem besonderen Vormittag, nichts gegen Moos und Gestrüpp, gegen Verwilderung und Wald, sondern sah dem Gedeihen der wilden Pflanzenwelt mit Bewunderung und Vergnügen zu. Und in der Wiese standen überall die jungen Narzissen, mit fleischigem Blattwerk, noch nicht ganz erblüht, mit noch geschlossenen, noch nicht weißen, sondern sanftgelben Kelchen von der Farbe der Fresien.

Ich ging also langsam durch den Garten, sah mir das junge, rotbraune und von der Morgensonne durchschienene Rosenlaub und die kahlen Strünke der eben wieder ausgepflanzten Dahlien an, zwischen denen mit unbändiger Lebenskraft die feisten Schäfte der Türkenbundlilien emporstrebten, hörte weiter unten im Gelände den treuen Weinbergmann Lorenzo mit Gießkannen klappern und beschloss, ihn anzusprechen und allerlei Gartenpolitik mit ihm zu beraten. Langsam stieg ich von Terrasse zu Terrasse den Hang hinab, mit einigem Werkzeug bewaffnet, freute mich an den Traubenhyazinthen im Grase, die ich vor vielen Jahren einst zu Hunderten über den Hang verteilt habe, überlegte mir, welches Beet dies Jahr für die Zinnien in Betracht komme, sah mit Freude den schönen Goldlack blühen und sah mit Unbehagen die Lücken und brüchigen Stellen in der aus Zweigen geflochtenen Umzäunung des oberen Komposthaufens, der ganz mit dem schönen Rot der gefallenen Kamelienblüten bedeckt war. Ich stieg vollends hinab bis zum ebenen Gemüsegarten, begrüßte Lorenzo und brachte das geplante Gespräch in Gang durch die Frage nach seinem und seiner Frau Befinden und einen Meinungsaustausch über das Wetter. Gut, dass offenbar etwas Regen kommen würde, meinte ich. Lorenzo aber, der beinah gleich alt ist wie ich, stützte sich auf seinen Spaten, warf einen kurzen schrägen Blick auf das treibende Gewölk und schüttelte den

grauen Kopf. Es werde heut kein Regen kommen. Man könne ja nie wissen, es gebe auch Überraschungen, obgleich …, und nochmals schielte er listig himmelwärts, schüttelte den Kopf energischer und schloss das Regengespräch: »No, Signore.«

Wir sprachen nun von den Gemüsen, den frisch gesteckten Zwiebeln, ich lobte alles sehr und lenkte zu meinen eigentlichen Anliegen hinüber. Die Umzäunung droben beim Komposthaufen könnte wohl nicht lang mehr halten, ich würde zu ihrer Erneuerung raten, natürlich nicht gerade jetzt, wo es alle Hände voll und mehr noch zu tun gäbe, aber so gegen den Herbst oder Winter hin vielleicht einmal? Er war einverstanden, und wir fanden, wenn er dann an diese Arbeit gehe, wäre es richtig, nicht bloß das Geflecht aus grünen Kastanienästen zu erneuern, sondern auch gleich die Pfähle. Sie würden zwar schon noch ein Jährchen standhalten, aber es wäre doch besser … Ja, sagte ich, und da wir schon vom Komposthaufen sprächen, wäre es mir auch lieb, wenn er im Herbst nicht wieder die ganze gute Erde den oberen Beeten geben, sondern mir etwas für die Blumenterrasse beiseite tun würde, wenigstens ein

17

paar Schubkarren voll. Gut, und das dürften wir auch nicht vergessen, dies Jahr die Erdbeeren zu vermehren und das unterste Erdbeerenbeet, das bei der Hecke, das schon manche Jahre stehe, abzuräumen. Und so fiel bald mir, bald ihm noch dies und jenes Gute und Nützliche ein, für den Sommer, für den September, für den Herbst. Und nachdem wir das alles schön durchgesprochen hatten, ging ich weiter, und Lorenzo machte sich wieder an die Arbeit, und wir waren beide mit den Ergebnissen unserer Betrachtung zufrieden.

Keinem von uns war es eingefallen, etwa plump an einen uns beiden wohlbekannten Sachverhalt zu erinnern, was unser Gespräch gestört und illusorisch gemacht hätte. Wir hatten schlicht und gutgläubig, oder doch nahezu gutgläubig, miteinander verhandelt. Und doch wusste Lorenzo ebenso gut wie ich, dass dies Gespräch mit seinen guten Vorsätzen und Planungen weder in seinem noch in meinem Gedächtnis haften würde, dass wir beide es in längstens vierzehn Tagen ganz und gar würden vergessen haben, Monate vor den Terminen für das Instandsetzen des Komposthaufens und für das Vermehren der Erdbeerpflanzen. Unser Morgengespräch unter dem nicht zum Regnen

18

geneigten Himmel war einzig um seiner selbst willen geführt worden, ein Spiel, ein Divertimento, eine rein ästhetische Unternehmung ohne Folgen. Mir war es ein Vergnügen gewesen, eine Weile in Lorenzos gutes altes Gesicht zu blicken und Objekt seiner Diplomatie zu sein, die dem Partner, ohne ihn ernst zu nehmen, eine Schutzwand hübschester Höflichkeit entgegenstellt. Auch haben wir als Altersgenossen ein Gefühl von Brüderlichkeit füreinander, und wenn einer von uns einmal besonders stark hinkt oder besondere Schwierigkeiten mit den geschwollenen Fingern hat, wird darüber zwar nicht geredet, aber der andere lächelt verstehend und leicht überlegen und hat für diesmal das Gefühl einer gewissen Genugtuung, auf der Basis einer Zusammengehörigkeit und Sympathie, wobei jeder nicht ungern sich als den augenblicklich Rüstigeren empfindet, doch aber auch mit einem vorwegnehmenden Bedauern des Tages denkt, an dem der andre nicht mehr neben ihm stehen wird.

Und jedes Mal, wenn ich mit Lorenzo rede, muss ich an Natalina denken, die nun schon mehr als zehn Jahre begraben liegt und nach deren Tod ich einst zum ersten Mal in meinem Garten und bei meinem Spiel mit gärtnerischer Arbeit jenes etwas bittre Gefühl von Leere und Nutzlosigkeit spürte, das mir mit der Zeit so vertraut geworden ist. Übrigens waren, was den Garten betrifft, Natalina und Lorenzo keineswegs einig und Freunde, sondern betrachteten einander mit dem wachen, misstrauisch-spöttischen Blick kritischer Konkurrenten. Er, der Bauer, war Schwerarbeiter, seine Sache war Graben, Wasser oder Steine schleppen, Pfähle spitzen und eintreiben, Bäume fällen. Sie aber, die kleine, zierliche, geschickte, überaus redegewandte Natalina war im Umgang mit Pflanzen ebenso begabt und erfolgreich wie am Kochherd, ihr gedieh unter zart sorgenden Händen noch der verlorenste Ableger und Wurzelstrunk, heut noch steht da und dort ein Denkmal ihrer feinfühligen Gartenkunst, eine altmodische Centifolien-Rose, eine riesige Hortensie, ein paar Christrosen, die schöne weiße Lilie. Man kann sie nicht vergessen, sie half unsre besten Jahre behüten und verschönern, sie war mein Hausgeist während meiner Eremitenjahre und unsere treue Dienerin und Kameradin nach der Heirat und dem Hausbau. Ach und wie sie sich auszudrücken verstand! Ihre treffenden Vokabeln, ihre schön und straff gebau-

ten Sätze hätten weder Manzoni noch Fogazzaro Schande gemacht, und einige ihrer klassischen Formulierungen werden bei uns noch heute zuweilen zitiert. So etwa der von dem großen rotblonden Kater, den sie nach vollendetem Hausbau leihweise für einige Tage zu uns bringen wollte, um etwa vorhandene Mäuse zu verjagen, der aber gleich wieder davonlief, nach Natalinas Deutung entsetzt über die Pracht unserer neu eingerichteten Stuben. »Ma lui, spaventato di tanto lusso, scappava.« Zu Deutsch: Er aber, erschreckt durch so viel Luxus, ergriff die Flucht.

*

An Ostern hörte ich am Radio auch dies Jahr wieder die Matthäus-Passion. Diese sakrale Feier erlebe ich jedes Mal etwas anders, denn bis in meine Knabenjahre zurück, wo ich das von der Mutter mitgegebene Stückchen Schokolade längst vor dem Ende des ersten Teiles schon aufgegessen hatte und die vielen Wiederholungen in den Arien und Chören, zumal im Schlusschor, nur mit Ungeduld ertrug, da ich so langem passivem Stillsitzen noch nicht gewachsen war, hat dies Erlebnis so viele Vorgänger, dass die Erinnerungen in ganzen Schwärmen kommen und einander über-

schneiden. Doch sind die frühen unter ihnen stets die stärksten: jene technisch unvollkommenen, von Ausführenden und Hörern aber tief erlebten Passionen in der Calwer Kirche unter der Leitung meines Onkels Friedrich, der die schönen dunklen Augen meiner Mutter hatte und in dessen Kirchenchor meine Schwestern und Basen mitsangen. Am genauesten hat mein Musikgedächtnis eine Aufführung bewahrt, bei der meine beiden älteren Stiefbrüder die Rollen des Evangelisten und des Christus sangen und bei der ich schon die Beklommenheit und Kinderungeduld jener frühesten Aufführung überwunden hatte. Es mochte bei den ungezählten späteren Passionen, die ich hörte, den Christus und den Evangelisten wer immer singen, gewisse Stellen hörte ich doch jedes Mal mit den Stimmen und dem Ausdruck meiner Brüder wieder. Auch einige Aufführungen unter Freund Volkmar Andreae sind mit manchen Einzelheiten haften geblieben: die Erstaufführung der Matthäus-Passion in Italien, in Mailand, wo meine Bekanntschaft und langjährige Freundschaft mit Ilona Durigo ihren Anfang nahm; dann viel später jene andre, die Andreae tapfer durchführte, während seine auch uns Freunden teure Mutter

auf dem Totenbett lag, und jene, bei der ich zum letzten Mal die Stimme Ilonas hörte, nicht lang vor ihrem Tode.

Von allen christlichen Festen ist seit Jahrzehnten Ostern das einzige, das ich noch mit Gefühlen der Frömmigkeit und Ehrfurcht erlebe, es gehört zu diesem Fest die zage Süßigkeit des Frühlingsanfangs ebenso wie die Erinnerung an die Eltern und an das Eiersuchen unter den Fliederbüschen im Gärtchen, die Musik Bachs nicht minder als die Stimmung um die Zeit meiner Konfirmation, den Streit zwischen der Ehrfurcht vor der Frömmigkeit meiner Eltern und ersten Missgefühlen und Einwänden gegen den formulierten und kirchlich gebundenen Glauben. Dieses Hin und Wider zwischen Ehrfurcht und Revolte klingt, über so viele Jahrzehnte hinweg, auch bei jedem Wiederhören der Bach'schen Passionen leise wieder in mir an, bald wehmütig, bald ironisch betont. Meine Ehrfurcht ist dann beim Leiden Jesu, bei seinem Ringen in Gethsemane, und meine Kritik wendet sich gegen einige Stellen des Textes und namentlich gegen die Jünger. Nicht nur, dass sie schliefen, während ihr Meister einsam den letzten Kampf kämpfte! Das Schlafen war am Ende verständlich, es war verzeihlich, es kam nicht nur

aus Trägheit und aus Furcht vor dem schwer Ertragbaren, es hatte auch etwas Kindliches und Naturhaftes. Aber dass der eine Jünger seinen Meister verriet, der andre, der »Fels«, ihn verleugnete, und dass aus ihrem Kreise jene überhitzte, Zerwürfnis und Rangstreit nicht ausschließende Stimmung von Wundersucht, Legendenbildung und Kirchengründertum entstand, das hat mich zu gewissen Zeiten meines Lebens sehr gegen die Jünger eingenommen, und einige Male, es ist lange her, hat diese kritische Einstellung mir sogar die Feierstimmung beim Hören der Passion etwas beeinträchtigt. Als wären die Jünger in Bachs Passionen oder in den Kreuzigungsgruppen der Maler und Bildschnitzer wirklich dieselben wie die der protestantischen Dogmengeschichte und Bibelkritik! Als hätte ich nicht beim Hören des Berichtes über Petri Verleugnung dessen Angst, Verwirrung und seine furchtbare Scham und Reue noch weit besser nach- und mitempfinden können als das Leiden Jesu! Doch war jene Beeinträchtigung meiner Andacht durch das Mitwirken kritischer Antriebe ja nichts anderes als das Zucken einer Narbe, die einst eine Wunde gewesen war.

*

Da fällt mir ein Brief ein, den ich einem sympathi-
schen Theologen, einem Geistlichen im deutschen
Osten, geschrieben habe und der einige meiner
Freunde interessieren könnte. Er hatte mir ein
paar Fragen gestellt, darunter die, ob ich in Josef
Knecht so etwas wie einen Bruder Christi sehe,
und eine andere, die nationale und rassische Ver-
schiedenheit der religiösen Vorstellungswelten
betreffend. Er hatte von den verschiedenen »Augen« gesprochen, mit denen die Völker des Göttlichen gewahr werden. Aus meiner Antwort teile ich
die paar charakteristischen Sätze mit:
»Zu Ihrer Frage sage ich: Ja, das indische, römi-
sche, jüdische Auge sind, Gott sei Dank, überaus
verschieden. Die Nationen, Kulturen, Sprachen
mögen alle Bäume sein, aber einer ist eine Linde,
einer ein Ahorn, einer eine Fichte usw. Der Geist,
sei er nun theologisch gekleidet oder anders,
neigt immer ein wenig zu sehr zum Begriff, zur Ver-
flachung, zur Typisierung, er ist mit ›Baum‹ zufrieden, während Leib und Seele mit ›Baum‹ nichts
anfangen können, sondern Linde, Eiche, Ahorn
brauchen und lieben. Eben darum sind die Künst-
ler vermutlich Gottes Herzen näher als die Denker.
Wenn nun Gott sich im Inder und Chinesen

anders ausdrückt als im Griechen, so ist das nicht ein Mangel, sondern ein Reichtum, und wenn man alle diese Erscheinungsformen des Göttlichen mit einem Begriff zusammenfassen will, entsteht keine Eiche und keine Kastanie, sondern bestenfalls ein ›Baum‹.

In Josef Knecht sehe ich nicht, wie Sie andeuten, einen Bruder Christi. In Christus sehe ich eine Erscheinung Gottes, eine Theophanie, deren es ja manche gab und gibt. In Knecht würde ich eher einen Bruder der Heiligen sehen. Auch ihrer gibt es viele, unendlich viel mehr, als es Theophanien gibt; sie sind die ›Elite‹ der Kulturen und Weltgeschichte, und sie unterscheiden sich von einem ›gewöhnlichen‹ Menschen dadurch, dass sie die Einordnung und Hingabe an Überpersönliches nicht auf Grund eines Mangels an Persönlichkeit und Eigenart leisten, sondern durch ein Plus an Individualität.«

Hermann Hesse

AM OSTERSONNTAG

O jauchze, Welt, du hast ihn wieder,
Sein Himmel hielt ihn nicht zurück!
O jauchzet, jauchzet, singet Lieder!
Was dunkelst du, mein sel'ger Blick?

Es ist zu viel, man kann nur weinen,
Die Freude steht wie Kummer da;
Wer kann so großer Lust sich einen,
Der all so große Trauer sah?

Unendlich Heil hab' ich erfahren
Durch ein Geheimnis voller Schmerz,
Wie es kein Menschensinn bewahren,
Empfinden kann kein Menschenherz.

Vom Grabe ist mein Herr erstanden
Und grüßet Alle, die da sein;
Und wir sind frei von Tod und Banden
Und von der Sünde Moder rein.

Annette von Droste-Hülshoff

Am ersten Tag der Woche kam Maria von Magdala frühmorgens, als es noch dunkel war, zum Grab und sah, dass der Stein vom Grab weggenommen war. Da lief sie schnell zu Simon Petrus und dem Jünger, den Jesus liebte, und sagte zu ihnen: Man hat den Herrn aus dem Grab weggenommen, und wir wissen nicht, wohin man ihn gelegt hat. Da gingen Petrus und der andere Jünger hinaus und kamen zum Grab; sie liefen beide zusammen dorthin, aber weil der andere Jünger schneller war als Petrus, kam er als erster ans Grab. Er beugte sich vor und sah die Leinenbinden liegen, ging aber nicht hinein. Da kam auch Simon Petrus, der ihm gefolgt war, und ging in das Grab hinein. Er sah die Leinenbinden liegen und das Schweißtuch, das auf dem Kopf Jesu gelegen hatte; es lag aber nicht bei den Leinenbinden, sondern zusammengebunden daneben an einer besonderen Stelle. Da ging auch der andere Jünger, der zuerst an das Grab gekommen war, hinein; er sah und glaubte. Denn sie wussten noch nicht aus der Schrift, dass er von den Toten auferstehen musste.

Johannes 20,1-9

DAS GANZE, UNZERSTÖRBARE LEBEN

Vor einigen Jahren wurde der Begriff »Lebenswissenschaften« geprägt. Dabei handelt es sich um neue Erkenntnisse im Bereich der Biologie, vor allem um neues Wissen über das menschliche Leben, seine Entstehung und Entwicklung. Damit verbunden wurden Hoffnungen genährt, mit neuen Erkenntnissen und Methoden menschliches Leben verlängern zu können, Krankheiten zu heilen, ja zu überwinden. Obwohl die Euphorie des Anfangs sich etwas gelegt hat, weil – auch medial verstärkt – die Erwartungen völlig überzogen waren, werden die Diskussionen über diese neuen „Lebenswissenschaften" doch weitergehen. Denn der menschliche Wunsch nach Leben ist grenzenlos und wird es auch bleiben. Dabei steht im Zentrum immer die biologische Existenz, das leibliche Dasein, der Gegensatz zum Tod, zum Ende des Lebens. Es wird auch deutlich in einem Satz wie: Hauptsache gesund! Das ist der häufigste Wunsch bei jedem Geburtstag. Und einen solchen Wunsch kann man ja gut nachvollziehen. Gesundheit gehört zum Leben dazu – ge-

rade weil wir wissen, dass Gesundheit nicht selbstverständlich ist.

Aber ist unsere leibliche Existenz, unsere körperliche Gesundheit wirklich das Allerwichtigste? Die österliche Botschaft spricht eine andere Sprache. Sie nimmt den Leib und die leibliche Existenz des Menschen ganz ernst. Das Leben ist etwas Wunderbares, ein großartiges Geschenk! Aber Leben ist auch mehr als unser Leib: Wir werden leben auch durch den Tod hindurch mit und in Christus, der das Leben neu geschaffen hat. Das Leben vollendet sich in einer »Neuschöpfung«, wie der heilige Paulus sagt, die schon in unserer irdischen Existenz ihre Wirkung entfaltet. Deshalb ist der österliche Blick auf das leere Grab so wichtig, der nicht in die Trostlosigkeit führt, sondern Hoffnung und Glauben weckt, ein staunendes Fragen, das in der Begegnung mit dem lebendigen Christus beantwortet wird.

Am Tag nach Aschermittwoch, also ganz zu Beginn der österlichen Bußzeit, wird in der heiligen Messe ein Abschnitt aus dem Buch Deuteronomium vorgelesen. Es sind die Worte des Mose an das Volk Gottes mit der Aufforderung: Wähle das Leben! (vgl. Dtn 30,19) Und im Evangelium des-

selben Tages wird das Wort aus dem Lukasevangelium vorgetragen: »Denn wer sein Leben retten will, wird es verlieren; wer aber sein Leben um meinetwillen verliert, der wird es retten.« (Lk 9,24) Erst in der Ostererfahrung wird den Jüngern langsam klar, was es bedeutet, das wahre Leben zu wählen und das Leben zu retten, indem man es verliert. Johannes und Petrus werden sich angesichts des leeren Grabes gefragt haben: Wo ist ER, Christus, unser Leben? Was heißt Leben, wenn Er durch den Tod hindurch neu lebt? Sie erkennen: Das Leben wählen bedeutet nicht, einem vordergründigen Körperkult zu frönen, nur die irdische Existenz im Blick zu haben. Für Jesus kann die Fülle des Lebens nur gefunden werden, indem das Leben sich öffnet, geteilt wird, eben in der Liebe. Genau das ist in unüberbietbarer Weise im Kreuz Jesu geschehen, und so entsteht aus der totalen Hingabe und Liebe unzerstörbares Leben, das stärker ist als der Tod. So wird wirklich Leben in Fülle möglich, wie es Jesus im Johannesevangelium verheißt, ein Leben, das Himmel und Erde verbindet.

Deshalb beschreibt das Johannesevangelium auch die Ostererfahrung sehr genau und sorgfältig. Die

äußeren Umstände machen nicht den Eindruck eines »überstürzten Aufbruchs«, sondern großer und bewusster Souveränität. Alles hat seine Richtigkeit, und so ist das leere Grab ein wichtiges Motiv des Glaubens. Es bedeutet: Jesus ist mit seiner ganzen Existenz in eine neue Wirklichkeit hineingegangen. Auferstehung ist eben nicht einfach die Fortsetzung der irdischen Existenz, sondern eine Verwandlung, eines neues Leben, eine neue Wirklichkeit, die all das aufnimmt, was wir in unserer leiblichen Existenz erfahren und erlitten haben. Dies wird in der Auferweckung Jesu sichtbar.

In einem Wettlauf der Liebe eilen Johannes und Petrus zum Grab, aber zum Glauben kommen sie erst, als sie dem Auferstandenen begegnen und er mit ihnen Mahl hält. Da wird ihnen klar, dass dieses neue Leben, das österliche Leben, jetzt schon in unsere Wirklichkeit hineinreicht und wir an diesem Leben Christi Anteil haben dürfen, wenn wir uns versammeln zur Eucharistie. Dann ist die Einladung vom Beginn der Fastenzeit eine österliche Werbung des auferstandenen Jesus Christus: Wähle das Leben, das ganze Leben, das unzerstörbare Leben!

Reinhard Marx

DAS LEERE GRAB

Die Auferstehung Jesu ist nicht ein Geschehnis wie andere Geschehnisse auch. Sie ist vielmehr der Einbruch der himmlischen Welt Gottes in unsere irdische Wirklichkeit; sie ist Berührung unserer menschlichen Wege durch die lebenschaffende Macht Gottes.

Ein solches Geschenk kann man nicht beobachten, wie man einen Sonnenaufgang beobachtet, man kann es nicht beweisen, wie man einen Lehrsatz beweist – man muss vielmehr davon ergriffen werden.

Deshalb weiß das Neue Testament auch von keinem Zeugen, der die Auferstehung selbst beobachtet hätte; es findet sich an keiner Stelle der Versuch eines lückenlosen Beweises der Auferstehung. Statt dessen kommen Betroffene zu Wort: Menschen, deren Glauben am Tod Jesu zerbrochen war und die ihn neu empfangen haben, weil er ihnen als Lebender begegnet ist. Sie tragen keine Erklärungen und Begründungen vor, sondern bekennen: »Wir haben den Herrn gesehen!« Dabei verweisen sie auf das, was wider alle menschliche Einsicht an ihnen geschehen ist. Sie vermögen jene Erscheinung des Herrn kaum in Worte zu fassen, dennoch lassen sie keinen Zweifel an der Realität der Begegnung. Denn diese hat ihnen ihren Meister auf ganz neue Weise wiedergegeben und sie in seinem Namen neu auf den Weg geschickt (vgl. besonders 1 Kor 15,3-11).

Später formt die Kirche aus ihrem Anfangszeugnis die Ostergeschichten. Aber auch diese Geschichten wahren das Geheimnis, das die Auferstehung und den Auferstandenen umgibt: Sie betonen die Realität der Begegnung, berichten vom Auftrag, in den der Auferstandene seine Jünger ruft. Sie verschweigen aber auch nicht, dass dieser nun aus der Welt Gottes auf sie zukommt, sich schenkt und entschwindet und nur mehr im Glauben ergriffen werden kann. Wenn die Auferstehung Jesu nicht einfach seine Wiederbelebung, sondern sein Aufsteigen in die himmlische Wirklichkeit Gottes bedeutet – bedarf es dann eigentlich eines leeren Grabes? Muss dann überhaupt jener Leib, in dem Jesus als Mensch gelebt hat, auferweckt werden? Werden nicht auch wir am Ende nicht mit dem Leib, den wir auf Erden hatten, sindern mit einem neuen, verklärten Leib auferweckt?

Solche Fragen hört man heute nicht selten. Wir sollten deshalb zunächst einmal klarstellen: Nicht jeder, der das leere Grab in Frage stellt, lehnt deshalb schon die Auferstehung Jesu ab. Er möchte vielleicht gerade deutlich machen, dass Jesus als Vollendeter über den Leib, in dem er auf Erden gelebt hat, hinausgewachsen ist und sein Grab eigentlich bedeutungslos geworden ist. Es bleibt jedoch die Frage, ob uns die Ostertexte des Neuen Testaments nicht – allen Problemen zum Trotz! – gerade dieses leere Grab bezeugen wollen. Lange bevor die Evangelien geschrieben wurden, erzählte man in den frühen Gemeinden bereits die Geschichte vom Leiden und Sterben Jesu Christi. Dabei erinnerte man nicht nur einzelne Szenen seines Leidensweges, sondern vor allem jene mit der Verhaftung einsetzende Abfolge der Geschehnisse. In diesem Zusammenhang erzählte man schon in früher Zeit auch vom leeren Grab.

Man könnte fragen: Ist da nicht doch für die Passionsgeschichte einfach ein passender Abschluss erfunden, um das Dunkel des Leidensweges wenigstens zum Ende hin aufzuhellen? Wohl kaum! Denn die Geschichte vom leeren Grab (Mk 16,1-8) löst die Ratlosigkeit der Jünger nicht auf. Deutlich spürt man: Die, die jene Geschichte geformt haben, wissen sehr genau, dass die Entdeckung des leeren Grabes keinen Osterglauben stiftet und schon gar nicht als Beweis der Auferstehung ins Feld geführt werden kann. Weshalb erzählen sie dann vom leeren Grab? Der plausibelste Grund scheint immer noch zu sein, dass sie eine Erinnerung weitergeben wollen, die für sie unlösbar mit dem Tod und der Auferstehung Jesu verbunden ist.

Wir sagten: Die Auferstehung Jesu ist nicht ein Geschehen unserer Welt, aber sie berührt unsere Welt – sie hat Auswirkungen auf unsere Welt. In den Erscheinungen lässt Gott die Jünger den Auferstandenen sehen. Das leere Grab dürfen wir als geheimnisvolles Zeichen einer neuen Welt verstehen, in der der Tod nicht mehr sein wird und alle Gräber aufgetan sein werden.

Claus-Peter März

ES GIBT NICHTS, WAS MICH
VON GOTTES LIEBE TRENNEN KANN

25 Jahre lang habe ich mit 100 bis 250 Jugendlichen die Kar- und Ostertage in der Abtei Münsterschwarzach bei Würzburg gefeiert. Es waren für mich die wichtigsten Tage im ganzen Jahr. Sie waren erfüllt von der dichten Mönchsliturgie, von der Gruppenarbeit und von vielen Beichtgesprächen. Die Meditation der Passion Jesu drängte hin zur Feier der Osternacht, die von 22.45 Uhr bis 2.00 Uhr dauerte. Für die Jugendlichen war es neu, dass sie eine Stunde vorher in der Kirche sein mussten, um überhaupt Platz zu finden. Danach feierten wir mit Tee und Osterfladen und um das Osterfeuer tanzend weiter bis in den Morgen hinein. Aber dann um 9.30 Uhr feierten wir nochmals mit den Mönchen das Osteramt. Dabei luden wir die vielen Gottesdienstbesucher ein, mit den Jugendlichen nach dem Pontifikalamt auf dem Kirchplatz zu singen und zu tanzen.

Was hat mich als Kursleiter in diesen Tagen bewegt? Für mich heißt Ostern feiern einmal, den Sieg der Liebe über den Tod zu feiern. Jesus ist

nicht im Grab geblieben. Er ist auferstanden. Er gibt mir die Gewissheit, dass mein Leben nicht im Dunkel des Todes enden wird, sondern in der Herrlichkeit des ewigen Lebens. Aber Auferstehung feiern heißt für mich mehr, als den Glauben an das ewige Leben zum Ausdruck zu bringen. Wir feiern hier und jetzt in der Auferstehung Jesu auch unsere eigene Auferstehung. Wir stehen auf aus dem Grab unserer Angst und Resignation, aus dem Grab unseres Selbstmitleids und unserer Selbstbeschuldigung. Wir werfen die Fesseln ab, die uns hemmen und uns am Leben hindern. Wir singen und spielen und tanzen uns in die Freiheit der Auferstehung hinein. Es gibt noch ein anderes Leben, als nur auf Erfolg aus zu sein, als nur um die Bestätigung und Zuwendung der Menschen zu betteln. Es gibt das wahre Leben, das Leben in Freiheit und Weite. Dieses Leben zu erfahren, das ist für mich Auferstehung.

Es sind biblische Bilder, die mir helfen, Auferstehung hier und jetzt zu erfahren. Da ist das Bild des Steines, den der Engel vom Grab wälzt (vgl. Matthäus 28,2). Auferstehung heißt, dass Gott den Stein beiseite schiebt, der auf mir lastet und mich vom Leben abhält. Die Wächter des Todes fallen zu

Boden. All die inneren Stimmen, die mich bestimmen möchten, fallen in sich zusammen. Auferstehung ist die Erlaubnis zu leben. Auferstehung heißt, in die eigene Lebendigkeit hinein aufzustehen. Und Auferstehung heißt für mich, die Verletzungen meiner Vergangenheit, die Schuld, die ich auf mich geladen habe, die Schuldgefühle, die mich quälen, im Grab zu lassen und an der Hand Jesu als neuer Mensch aufzustehen.

Was Auferstehung konkret für mich bedeutet, das ist mir in der Meditation der Osterszene im Lukasevangelium aufgegangen. Da erscheint Jesus den versammelten Jüngern, die sich erzählen, dass sie den Herrn gesehen haben. Aber als Jesus dann konkret in ihre Mitte tritt, da bekommen sie auf einmal große Angst. Jesus ist kein Geist. Auferstehung heißt nicht einfach nur, dass die Sache Jesu weitergeht. Jesus erscheint den Jüngern in Fleisch und Knochen, leibhaft. Auferstehung geschieht im Leib und nicht nur im Geist. Sie will sich ausdrücken in meiner Lebendigkeit. Was Leben ist und wie Leben schmeckt, das erfahre ich im Leib und mit dem Leib, mit meinen Sinnen. Und dann sagt Jesus zu den Jüngern: »Ego eimi autos – Ich bin es selbst" (Lukas 24,39). Das bedeutet für mich mehr als die Identität des Auferstandenen mit dem Jesus, der für uns gekreuzigt wurde. Lukas übersetzt die Auferstehung in die Gedankenwelt der Griechen. »Autos« war für die griechische Philosophie der Stoa ein wichtiger Begriff. Er bezeichnet das innere Heiligtum des Menschen, das wahre Selbst, den innersten Personenkern. Auferstehung geschieht für mich konkret, wenn ich bei allem, was ich tue, mir vorsage: »Ich bin ich selber.« Wenn ich das einen Tag lang immer wieder übe, dann fallen alle uneigentlichen Seiten von mir ab, dann komme ich in Berührung mit meinem wahren Selbst, mit dem inneren Heiligtum, in dem Christus als der Auferstandene wohnt.

Auferstehung heißt für mich Aufstehen in die Eigentlichkeit. Und dann lädt Jesus die Jünger ein: »Fasst mich doch an!« (Lukas 24,39). Auch hier benutzt Lukas ein Wort, das die stoische Philosophie liebt. Paulus gebraucht dieses Wort »pselaphao« in seiner Rede auf dem Areopag: »Sie sollten Gott suchen, ob sie ihn ertasten und finden könnten; denn keinem von uns ist er fern« (Apostelgeschichte 17,27). Auferstehung immer wieder, wenn ich in der Kommunion Christus betaste in der Hostie, die auf meiner Hand liegt. Er lässt sich

berühren. Er will mir sagen: »Ich bin genauso konkret wie dein Leib.« Aber nicht nur in der Kommunion ertaste ich den Auferstandenen. Wenn ich die Schöpfung zärtlich berühre, dann ahne ich, dass ich in dem Leben, das die Natur durchdringt, das Leben des Auferstandenen betaste. Das Leben, das ich um mich herum ertaste, weckt das Leben in mir. Und dieses Leben hat den Tod besiegt. Es wird durch den Tod zwar verwandelt, aber nicht vernichtet. So ist Auferstehung für mich die Erklärung, dass das Leben stärker ist als der Tod, dass die Liebe den Tod überwunden hat, dass die Beziehung, die ich zu Christus erfahre im Gebet, in der Kommunion, in der Berührung von Gottes Schöpfung, meinen Tod überdauert.

Jesus sagt im Lukasevangelium: »So steht es in der Schrift: Der Messias wird leiden und am dritten Tag von den Toten auferstehen« (Lukas 24,46). Das Geheimnis von Tod und Auferstehung ist für Lukas die Zusammenfassung der Heiligen Schrift. Alles, was von Gott gesagt wird, wird in der Auferstehung Jesu offenbar. Auferstehung heißt, dass Gott mich aus dem Tod errettet, dass es keine Dunkelheit gibt, die nicht vom Licht des Auferstandenen erhellt wird, dass es keinen Tod gibt, in

dem nicht schon das Leben ist, dass es keine Einsamkeit gibt, in die mich nicht der Auferstandene hinein begleitet. Was Auferstehung für mich bedeutet, das hat für mich Paulus am klarsten ausgedrückt in den Worten, die wohl auch seine Erfahrung mit Christus, dem Gekreuzigten und Auferstandenen, zusammenfassen: »Ich bin gewiss: Weder Tod noch Leben, weder Engel noch Mächte, weder Gegenwärtiges noch Zukünftiges, weder Gewalten der Höhe oder Tiefe noch irgendeine andere Kreatur können uns scheiden von der Liebe Gottes, die in Christus Jesus ist, unserm Herrn« (Römer 8,38f). Das heißt für mich Auferstehung: Es gibt nichts, was mich von Gottes Liebe trennen kann. Überall begegne ich dem Auferstandenen. Und ich kann aus der Beziehung zum auferstandenen Christus nicht herausfallen.

Noch ein anderes Bild fällt mir ein, wenn ich an Ostern und an Auferstehung denke. Es ist das Wort, das der Jünger, den Jesus liebte, sagt, als er mitten in der alltäglichen Arbeit des Fischfangs auf einmal erkennt: »Es ist der Herr« (Johannes 21,7). Auferstehung geschieht für mich nicht nur in der Feier des Osterfestes, sondern mitten im Alltag. Ich stelle mir öfter vor, wenn ich am Schreibtisch sitze und

die Akten bearbeite oder wenn ich in der Verwaltung Gespräche mit Mitarbeitern oder Firmen führe, dass der Herr da ist. Ich sage mir dann vor: »Es ist der Herr.« Dann verwandelt sich die Atmosphäre. Es gibt dann nicht mehr das rein Weltliche, nicht das bloße Geschäftemachen. In allem, auch in der konkreten Arbeit mitten in der Welt, ist der Auferstandene in mir. Er weist mich auf das hin, worauf es eigentlich ankommt. Er verwandelt den grauen Morgen in eine Atmosphäre von Zärtlichkeit und Liebe, wie es in dem berühmten Frühmahl des Auferstandenen mit seinen Jüngern geschieht (Johannes 21,9-14). Auferstehung heißt für mich, dass Christus mitten in meinen Alltag bei mir ist und mich aufweckt aus depressiven Stimmungen, dass er meine Dunkelheit erhellt, dass er mich ermutigt, selber aufzustehen und das anzupacken, was gerade ansteht.

Auferstehung geschieht für mich schon hier mitten im Leben. Aber ich kann diese Auferstehung hier und jetzt nur erleben, weil ich daran glaube, dass Gott Jesus von den Toten erweckt hat. Die Auferstehung Jesu vor zweitausend Jahren ist der Grund meines Glaubens, dass ich immer wieder aufstehen kann aus dem Grab meiner Angst und Dunkelheit, dass der Stein weggewälzt wird und die Fesseln meiner Hemmungen und Unsicherheiten von mir abfallen. Auferstehung ist nicht einfach eine Chiffre für die Lebendigkeit, die ich erleben darf. Auferstehung ist real geschehen. Aber ich mache mir keine Gedanken, wie diese Auferstehung Jesu konkret ausgesehen hat. Ich habe keine Probleme mit dem leeren Grab. Aber ich bleibe nicht bei der Geschichte stehen. Die Liturgie lädt uns ein, jedes Jahr Ostern zu feiern, in der Erinnerung an die Auferstehung Jesu vor zweitausend Jahren ist das Wunder schlechthin, das Gott jemals in der Geschichte gewirkt hat. Wir besingen dieses Wunder täglich in der Mittagshore der Osteroktav mit den Worten der Psalmisten: »Dies ist der Tag, den der Herr gemacht hat; wir wollen jubeln und uns an ihm freuen« (Psalm 118,24). Der Grund dieses Jubels ist die Erfahrung, dass Gott seine Rechte erhoben hat, dass er an seinem Sohn Jesus Christus gehandelt und ihn aus dem Tod erweckt hat. Weil der Herr die Rechte erhoben hat, dürfen wir singen: »Ich werde nicht sterben, sondern leben, um die Taten des Herrn zu verkünden« (Psalm 118,17).

Anselm Grün

WAS HEIβT AUFERSTEHUNG?

*J*edem von uns ist Ostern, seit er ein Kind ist, mit der Freude über den kommenden Frühling, mit all dem Glück, das uns die warme Sonne ins Herz legt, ein Fest geworden, das ihm ans Herz gewachsen ist, an dem er hängt mit mancherlei freundlichen Erinnerungen, von denen er sich nicht trennen möchte. Wer von uns möchte auch nur um einen Frühling seines Lebens ärmer sein? Was heißt Auferstehung und was kann sie für uns bedeuten? Das sind die alten Osterfragen, um deren Beantwortung zu ringen wir nun einmal nicht herumkommen, ohne eine Gedankenlosigkeit zu begehen. Es ist die überwältigende Tatsache des immer sich erneuernden Frühlings gewesen, die die Menschheit in aller Welt etwas ahnen ließ von einem Urkampf zwischen Finsternis und Licht, in dem nach hartem Ringen das Licht den Sieg davonträgt – aus dem dunklen Winter ist es Frühling geworden; jedes Jahr erneuert sich das ungeheure Schauspiel der Natur und weckt in der Menschheit eine Ahnung von einer Auferstehungshoffnung; alles Dunkel muss endlich hell werden. Das ist ein Gesetz der Natur, ja, das Dunkel ist ja gar nicht eigentlich ein Wesen für sich; es besteht ja nur darin, dass das Licht nicht da ist, ein Strahl der Sonne vernichtet es. Und die Sonne kommt, kommt ganz gewiss, und mit ihr die Auferstehung der Natur. Im Tode der Natur liegen schon die Keime des Lebens.

Dietrich Bonhoeffer

$\mathcal{D}$eine Auferstehung,
Christe, Erlöser,
besingen die Engel in den Himmeln.
Befähige auch uns,
dich auf Erden mit ganzem Herzen zu preisen.
Christus ist auferstanden
und hat den Tod durch den Tod überwunden
und denen im Grab das Leben gebracht.

Frühchristliches Ostergebet

46

PREDIGT ÜBER MARKUS 16,9-15

Kurz nach meinem Dienstantritt wurde ich mit dem Fall eines Pastors konfrontiert, der sich auf der Kanzel rasiert hatte. »Werden Sie ihn disziplinarrechtlich belangen?«, war die Frage. Ich habe gesagt: »Er hat sich auf der Kanzel rasiert? Das glaube ich nicht!«

Und so kam es zum Gespräch mit dem Pastor, der erklärte, genau das sei doch der Sinn gewesen. Er habe am Sonntagmorgen auf der Kanzel Rasierschaum und Pinsel herausgeholt, sich in Seelenruhe rasiert, in den Spiegel geguckt und dann zur Gemeinde gesagt: »Wenn Sie jetzt nach Hause gehen und das erzählen, wird Ihnen jeder sagen: das glaube ich nicht.« Genauso war es an Ostern, als die ersten erzählt haben: »Er ist auferstanden, er ist wahrhaftig auferstanden!«

Bis heute bin ich mir nicht ganz sicher, ob ich das nun einen hilfreichen Zugang finde oder nicht. Das Rasieren auf der Kanzel und die Auferstehung sind denn doch noch zwei verschiedene Paar Schuhe. Aber dennoch hat der Pastor hier einen Punkt erwischt: Den Unglauben der ersten Jünge-

rinnen und Jünger, der bis heute mit Blick auf die Auferstehung uns Menschen prägt. Der Predigttext für den heutigen Sonntag, eine Woche nach Ostern, steht bei Markus im 16. Kapitel. Dort heißt es in den Versen 9 ff.:

»Als aber Jesus auferstanden war früh am ersten Tag der Woche, erschien er zuerst Maria von Magdala, von der er sieben böse Geister ausgetrieben hatte. Und sie ging hin und verkündete es denen, die mit ihm gewesen waren und Leid trugen und weinten. Und als diese hörten, dass er lebe und sei ihr erschienen, glaubten sie es nicht. Danach offenbarte er sich in anderer Gestalt zweien von ihnen unterwegs, als sie über Land gingen. Und die gingen auch hin und verkündeten es den andern. Aber auch denen glaubten sie nicht. Zuletzt, als die Elf zu Tisch saßen, offenbarte er sich ihnen und schalt ihren Unglauben und ihres Herzens Härte, dass sie nicht geglaubt hatten denen, die ihn gesehen hatten als Auferstandenen. Und er sprach zu ihnen: Gehet hin in alle Welt und predigt das Evangelium aller Kreatur.«

Liebe Gemeinde, diese Textpassage wird von Exegeten »der unechte Markusschluss« genannt. Das ursprüngliche Evangelium, eines der frühesten

Zeugnisse der Christenheit, endete mit dem Satz: »Und sie gingen hinaus und flohen von dem Grab; denn Zittern und Entsetzen hatten sie ergriffen, und sie sagten niemandem etwas, denn sie fürchteten sich.« So enden die Aufzeichnungen des Markus.

Gut hundert Jahre später wird unser Predigttext als neuer Schluss an das Evangelium angefügt. Mehr als hundert Jahre nach dem Tod Jesu ist deutlich: Es endete eben nicht mit Zittern und Entsetzen. Nein, Neues hat begonnen, die Jüngerinnen und Jünger haben allmählich begriffen: Mit dem Tod Jesu am Kreuz war eben nicht alles zu Ende. Nein, das Sterben Jesu, es ist erst der Anfang des Lebens. Das Evangelium muss weiter geschrieben werden, denn die Osterbotschaft hat schließlich die Jüngerinnen und Jünger überzeugt, ermutigt zum Glauben.

Die Auferstehungsbotschaft ist das Zentrum des Evangeliums. Wir wissen aber auch, dass die Osterbotschaft das Unglaublichste an unserem christlichen Glauben ist. Und das war von Anfang an so. Gerade Maria von Magdala! Eine Frau. Sieben böse Geister hat er ihr ausgetrieben, und die erzählt nun, er sei auferstanden. So ein Unsinn.

Verdrängte Liebesgefühle, Verlustängste – ein Psychotherapeut sollte da mal ran.

Zwei sind unterwegs und meinen, ihn getroffen zu haben. Wie soll man denen denn glauben? Halluzinationen. Einen Trauerprozess haben die nötig. Gibt es nicht einen qualifizierten Arzt, der da etwas verschreiben kann?

Von Anfang an gehört zum Glauben der Unglaube, das Bestreiten. Das kann doch nicht sein. Das ist doch naiv. Völlig unwissenschaftlich. Gegen jede Erfahrung, gegen jedes Wissen! Das ist von Herrn Lüdemann gar nicht neu formuliert worden, sondern 2000 Jahre alt. Wie kann er auferstanden sein? Wie soll das möglich sein? Vor drei Tagen habe ich bei einer Diskussionsveranstaltung erklärt: ohne die Auferstehung gibt es keine Verkündigung des christlichen Glaubens. Hinterher kommentierte jemand: »Na ja, das müssen Sie als Bischöfin natürlich sagen.« Ich habe gekontert: »Sie werden lachen, ich glaube das tatsächlich!«

Wir haben es mit Weihnachten da wesentlich leichter. Die großen Gefühle, die Familie, Vater, Mutter und Kind, das sind einfache Assoziationen. Aber Ostern? Ich habe das in der EZ erzählt, kurz vor Ostern bekam ich den Anruf einer Journa-

50

listin, die mir sagte: »Wir brauchen noch etwas zu Ostern von Ihnen – aber bitte nichts mit Jesus.« Aber Ostern geht nicht ohne Jesus und nicht ohne Auferstehung. Ostern sind eben nicht nur Eier, Häschen, Küken, Osterfeuer und Osterwasser, sondern Ostern ist der Glaube daran, dass Gott unser Leben über den Tod hinaus hält. Wie das aussehen wird, das wissen wir nicht. Und darüber müssen wir auch nicht spekulieren. Aber wir dürfen darauf vertrauen, dass Gott uns bei unserem Namen gerufen hat und dieser Name bei Gott geborgen sein wird, auch wenn wir längst gestorben sind. Gerade das führt Christinnen und Christen nicht zur Weltflucht, sondern gibt uns die Freiheit, uns der Welt und ihren Herausforderungen zuzuwenden.

Liebe Gemeinde, nur von diesem Osterglauben her können wir meines Erachtens den Mut haben, uns ganz offen mit dem Tod auseinanderzusetzen. Wir leben ja in einer Zeit, die geradezu panische Angst vor dem Tod hat. Er wird abgeschottet in vermeintlich klinisch saubere Bereiche. Bloß weg aus meinem Gesicht. Bloß keinen Sterbenden zu Hause behalten, das ist ja furchtbar, das kann doch niemand mit ansehen. Jeder möchte schnell

und zügig sterben. Und so befürworten 78% der Deutschen Euthanasie. Unter den Christen sagen nur 14% der Evangelischen und 18% der Katholiken: »Über Leben und Tod darf nur Gott entscheiden.« Für mich ist das ein Signal dafür, wie groß die Angst vor dem Tod ist, wie wenig Menschen sich mit ihm befassen und wie groß die Distanz zum christlichen Glauben geworden ist.

Vor kurzem habe ich mit Herrn Dr. Admiraal, einem holländischen Arzt, diskutiert, der schon über hundert Menschen aktiv Sterbehilfe geleistet hat. Wir haben heftig miteinander gestritten, weil ich persönlich aktive Sterbehilfe in keiner Weise befürworten kann. Am Ende des Interviews wurden wir beide gefragt, wie wir sterben möchten. Herr Admiraal antwortete: »Ich möchte bei vollem Bewusstsein sterben. Damit ich mich verabschieden kann.« »Und dann?«, fragte die Journalistin, »kommt dann noch etwas?« »Nichts, gar nichts«, sagte Herr Dr. Admiraal. »Es gibt keine Existenz nach dem Tod. Das ist das Ende. Das Leben ist zwecklos und sinnlos.«

Ich glaube tatsächlich, dass Lebensmut und Todesmut im positiven Sinne zusammengehören. Wenn ich glauben kann, dass Gott mein Leben

hält und trägt über den Tod hinaus, dann muss ich dem Tod auch nicht ausweichen. Ich muss keine Furcht vor dem Tod haben. Dass Menschen Angst vor dem Sterben und dem Tod haben, das ist ganz normal. Wir kennen das Sterben nicht und den Tod, und alles Unbekannte macht zunächst Angst. Aber dass so viele Menschen aktive Sterbehilfe befürworten, das drängt uns, viererlei zu tun:

– Zum einen gilt es, die Palliativmedizin zu stärken. Sobald Menschen erfahren, dass es möglich ist, schmerzfrei in den Sterbeprozess zu gehen, sinkt die Zahl der Befürworter der aktiven Sterbehilfe auf 36 %. Und es gibt Schmerztherapien, die ein Sterben in Würde ermöglichen.

– Wir müssen außerdem die Hospizbewegung stärken. Für viele Familien ist es schwer, gerade diesen letzten Pflegeprozess zu Hause durchzuführen. Ich meine, Sterbende gehören nicht in ein Krankenhaus, das ja gesund machen soll. Nein, Sterbende gehören in eine eigene Umgebung, wo sie liebevoll und begleitet diesen letzten Weg gehen können in Würde.

– Wir sollten deutlich machen, dass beispielsweise in den Niederlanden ein Viertel aller Euthanasieopfer ohne ihre persönliche Einwilli-

gung getötet werden. Und wenn nun noch die Todespille für Sterbewillige kommt, Alte, Selbstmordgefährdete. Wäre es nicht plötzlich ein Druck auf die Alten, nun endlich zu gehen? »Man schämt sich ja schon, so alt zu werden," sagt mir die alte Dame. »Wir belasten der Krankenversicherungen und stellen die Alterspyramide auf den Kopf ...« Freie Entscheidung? Die Sache ist hochproblematisch und nicht im Namen der Freiheit zu verteidigen.

– Und schließlich denke ich, die christlichen Patientenverfügungen, Patientenverfügungen überhaupt, sind anzuerkennen. In der Verfügung, die wir als Kirchen herausgegeben haben, heißt es:

»An mir sollen keine lebensverlängernden Maßnahmen vorgenommen werden, wenn medizinisch festgestellt ist, dass ich mich im unmittelbaren Sterbeprozess befinde oder es zu einem nicht behebbaren Ausfall lebenswichtiger Funktionen meines Körpers kommt. Ärztliche Begleitung sowie sorgsame Pflege sollen in diesen Fällen auf die Linderung von Schmerzen, Unruhe und Angst gerichtet sein, selbst wenn durch die notwendige Schmerzbehandlung eine Lebensverkür-

zung nicht auszuschließen ist. Ich möchte in Würde und Frieden sterben können ...«

Das ist passive Sterbehilfe, die ich für richtig halte.

Hierüber müssen wir mit Pflegekräften, Ärztinnen und Ärzten, Angehörigen in ein Gespräch kommen. Auch sie müssen ermutigt werden, das Sterben, das sie so vielfach erleben, als Teil des Lebens wahrzunehmen.

Liebe Gemeinde, es geht gar nicht anders, als von der Auferstehung her in diesen Tagen auf die Frage der Sterbehilfe zu blicken. Wir sprechen vom Auferstandenen und nicht von einem Toten. Dieser Glaube gibt uns Lebenskraft. Dieser Glaube kann uns halten und tragen, da wo wir andere im Sterben begleiten, wo wir einen geliebten Menschen verlieren und wo wir selbst im Sterbeprozess stehen. Ich habe das zum ersten Mal verstanden, als ich als junge Pastorin mit 28 Jahren zum ersten Mal ein Kind beerdigen musste. Die Eltern hatten die kleine Marie-Louise, 5 Jahre alt, in ihrem Kinderzimmer aufgebart. Eine Barbiepuppe in der einen Hand, einen Strauß Schneeglöckchen in der anderen. Vom Hof, auf dem sie gelebt hatte, haben wir sie hoch zum Friedhof getragen. Nahezu das ganze Dorf kam mit. Und am nächsten Tag, da waren sie wieder auf dem Feld, die Eltern. Der Tod war bei allem Schmerz in das Leben integriert.

Gerade weil unser Gott lebt, Leben will und dem Leben zugewandt ist, ist es möglich, das Sterben anzusehen. Jesus hat uns gezeigt, dass Leiden zum Leben gehört. Ein Leben ohne jede Erfahrung von Leid ist auch kein erfülltes Leben. Wer Leiden kennt, kennt auch Lebenslust. Zum Leben in Fülle gehören Freude wie Leid.

Unglauben wird es immer wieder geben. Auch wir werden immer wieder mit Zweifeln zu ringen haben. Da brauchen wir uns gar nichts vorzumachen. Zweifeln, so Paul Tillich, gehört zum Wesen des Menschen, weil er endlich ist und nie das Ganze erfassen kann. Wir können uns den Glauben auch nicht erarbeiten nach dem Motto: »So, ab morgen glaube ich das, und damit ist die Sache geklärt.« Nein, das hat uns Martin Luther beigebracht, Glaube ist auch ein Geschenk. Ein Geschenk, um das ich Gott bitten kann, im Dialog. Im Gebet. In der Stille, die ich aufsuche, um die letzten Fragen zu stellen.

Was ermutigend ist: Jesus schickt nun gerade die-

se Zweifler, diese Ungläubigen in die ganze Welt, um vom Glauben zu sprechen. Das finde ich nun geradezu unglaublich! Diese Fischer und Huren und Zöllner sind nun gerade keine so ganz überzeugenden Leitfiguren. Bei jedem Casting würden sie durchfallen. Keine Sonnyboys, keine Glamourgirls, keine Erfolgsfiguren. Aber sie werden geschickt in alle Welt, das Evangelium zu predigen, zum Glauben zu rufen und zu taufen. Ich finde, das kann jeden und jede von uns nur ermutigen. Auch wir mit unseren Ecken und Kanten, wir mit unseren Zweifeln und unserem Unglauben werden geschickt, Spuren des Reiches Gottes zu legen. Wir können in diese Welt gehen und weitersagen: Er ist auferstanden, er ist wahrhaftig auferstanden. Halleluja.

Margot Käßmann

FREI VON TOD UND BANDEN

Vom Grabe ist der Herr erstanden
und grüßet, die da sein.
Und wir sind frei von Tod und Banden
und von der Sünde Moder rein.
Ich soll mich freun an diesem Tage.
Ich freue mich, mein Jesus Christ.
Und wenn im Aug' ich Tränen trage,
du weißt doch, dass es Freude ist.

Annette von Droste-Hülshoff

DIE KRAFT DER AUFERSTEHUNG

*H*aben Sie Sicherheiten? Diese Frage stellt der Geschäftsmann einem Partner, bevor er sich auf einen Handel oder ein Unternehmen einlässt. Solche Sicherheiten, eingetragen im Grundbuch, hinterlegt auf der Bank oder garantiert durch einen Bürgen, sollen ausschließen, dass der Einsatz von Mitteln oder von Arbeit umsonst ist.

Wie steht es bei den Einsätzen unseres persönlichen Lebens? Gerade in Zeiten der Unsicherheit möchten wir Gewissheiten, die bleiben; in Zeiten der Veränderung sehnen wir uns nach einem Grund, auf den man fest bauen kann; in Zeiten, in denen vieles wertlos wird, brauchen wir Ziele, die unverrückbar gelten. Müssen solche Gewissheiten erst sicher bewiesen oder handgreiflich erfahren werden, bevor man darauf ein Leben aufbaut und einen Einsatz riskiert? Oder ist es in unserem persönlichen Leben anders als im geschäftlichen? Muss man da nicht immer zuerst etwas riskieren und wagen, um dann erst im Verlauf eines Geschehens, auf das man sich eingelassen hat, Gewissheit und Sicherheit zu gewinnen? Erweist sich der Weg, den man in künstlerischem Schaffen oder in einer menschlichen Begegnung einschlägt, nicht erst im Gehen als tragfähig? Wie ist es beim Einsatz unseres Lebens im Ganzen? Kann mir der Glaube eine solche Sicherheit geben, etwa die grundlegende Botschaft von der Auferstehung? Muss ich sie mir zuerst beweisen lassen, als etwas Unverrückbares in Händen haben, um dann erst daraus die Konsequenzen eines gläubigen Daseins zu ziehen? Oder muss ich mich zuerst auf diese Botschaft einlassen, auf ein Leben mit Christus – und dabei wird mir auch seine Auferstehung als die Quelle ihrer Kraft immer gewisser? So spricht Paulus von der Dynamis, der Kraft der Auferstehung, die in seinem Leben spürbar wurde. Alles sieht Paulus, wie er an die Gemeinde in Philippi schreibt, für Schaden und Kehricht an gegenüber der überragenden Erkenntnis Jesu Christi. »Ihn will ich erkennen und die Kraft seiner Auferstehung und die Gemeinschaft seiner Leiden. Ich will seinem Tod gleichgestaltet werden, ob ich vielleicht zu der Auferstehung von den Toten gelangen könnte« (Phil 3,10f). Neben die Erkenntnis des Herrn tritt also als das Entscheidende die Kraft seiner Auferstehung. Von diesem Ereignis geht etwas aus, was das Leben des Paulus verändert.

Alles, was ihm wichtig war, hat er weggeworfen. Was bisher sein Leben bestimmte, ist nicht geworden. Einer, der ihm bisher fernstand, dessen zu Ende gegangenes Leben ihm nur bekannt war wie das Leben vieler anderer Menschen, dessen Lehre ihm ein gefährlicher und darum bekämpfenswerter Irrtum schien, dieser Mensch hat sich ihm als lebendig gezeigt und ihn angesprochen mit einem Anspruch, der keine Widerrede zulässt. Die Grenzen, die ansonsten dem Wirken eines Menschen gesetzt sind, die Grenzen, in denen ein Mensch eingegrenzt ist auf seinem kleinen Platz in der Geschichte, diese Grenzen sind gesprengt. Daran zeit sich, dass dieser Mensch aus dem Tode auferstanden und dass er erhöht ist, erhöht in die Erhabenheit über alle Begrenzungen, in die Hoheit göttlicher Macht. »Erhöhung« wird in der apostolischen Verkündigung ja fast gleichbedeutend mit Auferstehung gebraucht. Vor allem bei Johannes hat dieses wort einen Doppelsinn: Es bedeutet Erhebung ans Kreuz und Erhöhung in die unüberwindbare Lebendigkeit Gottes. Kreuz und Auferstehung sind darum eine Wirklichkeit: die Erhöhung, aus der Christus alle an sich ziehen kann. Darum kann auch Paulus zugleich von der Gemeinschaft der Leiden

sprechen, weil eben in diesen sich die Erhöhung vollzieht. Das Getroffensein von dem Anspruch des erhöhten Christus bedeutet für Paulus die Sendung auf einen Weg. Es ist der Weg Christi selber, der Weg der Leiden, in denen schon die Herrlichkeit der Auferstehung verborgen ist, die Gleichgestaltung mit dem Tod, den wir in der vergehenden Welt tagtäglich spüren und der doch schon überwunden ist in der Erwartung, »ob ich vielleicht zur Auferstehung gelangen möge«.

Befremdet uns nicht dieses »vielleicht«? Ist sich Paulus der Auferstehung doch nicht gewiss? Über seine eigene Auferstehung kann er von sich aus nicht sicher sein, weil sie geschenkt wird, und weil er in der Ergreifung dieses Geschenkes noch auf dem Weg ist. Dieses »vielleicht« ist kein Zweifel, sondern Erwartung, die freudig staunt und es gar nicht auszusprechen wagt, Erwartung, dass das Gleichwerden mit Christus auch seine letzte Vollendung in der Erhöhung findet.

Auf diesen Weg sind auch wir gestellt. Aufgrund der Auferstehung kann auch uns heute, hier und überall, der einfache Mann Jesus von Nazaret ergreifen, für unser Leben wichtig und wirksam werden. Er nimmt uns als Brüder und Schwestern

an, die ihm ähnlich, ja gleichgestaltet werden, und auch unser begrenztes, schwaches, dem Tod verfallenes Leben streckt sich aus nach der Überwindung des Endes, der Begrenztheit, nach vollem Sich-Auswirken und nach der Weite unendlicher Liebe. Denn das ist ja die Kraft, die in der Auferstehung verborgen ist: die Liebe. »Die Liebe Christi drängt mich« (2 Kor 5,14), sagt Paulus, und der Grund ist: »Der Eine ist für alle gestorben, damit die Lebenden nicht mehr für sich selber leben, sondern für den, der für sie starb und für sie auferweckt wurde.«

Das Entscheidende ist die Hingabe des Herrn, seine Liebe, die nichts für sich selber behält. Und eben diese Hingabe bedeutet Tod, die Auflösung des Eigenen. Aber dieses Eigene, die irdische Begrenztheit Jesu, wird hingegeben an die Liebe, d. h. an Gott selber, der das Leben ist. Darum wird jeder, der der Liebe Christi begegnet, von einer Kraft erfasst, in der auch er nicht mehr für sich selber lebt, in der er in das Sterben des Herrn eingeht und damit auch schon neues Leben in sich hat. Sowohl Sterben wie Auferstehen Jesu sind für uns geschehen, damit wir in dieses neue Leben eintreten. Darum fährt Paulus fort: »Wer in Chris-

tus ist, ist eine neue Schöpfung. Das Alte ist vergangen, Neues ist geworden« (5,17).

Die Auferstehung Jesu (und unser Dazugehören) ist das schlechthin Neue, das gänzlich Unerwartete und Überraschende. Menschliche Vorstellung, wie schon die der Apostel und Jünger, kann es nicht fassen und sich nur schwer zum Glauben daran durchringen. Aber von Gott her stellt sie freilich keinen Bruch in der Geschichte dar. Sie gehört immer schon zu dem »Müssen«, von dem Jesus auf dem Weg nach Jerusalem spricht, vor dem freilich das »menschliche« Denken des Petrus nur zurückschrecken kann. Auslieferung, Leiden, Sterben und Auferstehen sind dieses Müssen, das über dem Leben von Jesus steht. So ist der Plan des Vaters vorentworfen in den Schriften des Alten Bundes. Wie die Jünger auf dem Gang nach Emmaus, so entdeckt die Urkirche immer mehr, wie bei »Moses und den Propheten« das, was an Jesus geschah, vielfältig vorgezeichnet ist. Sie verkündet darum Jesu Sterben und Auferstehen als »gemäß der Schrift« (vgl. Apg 17,3). so weist Petrus am Pfingsttag auf den Psalm 16 hin: »Sagt doch David über ihn: ›Ich hatte den Herrn allezeit vor den Augen; denn er ist mir zur Rech-

ten, damit ich nicht wanke; deshalb frohlockt mein Herz und jubelt meine Zunge; und auch mein Fleisch wird in Sicherheit ruhen, denn du wirst meine Seele nicht in der Unterwelt verbleiben lassen und deinem Heiligen nicht die Verwesung zu schauen geben. Du hast mir die Wege zum Leben gezeigt, du wirst mich mit Wonne erfüllen vor deinem Angesicht‹.«

Da David gestorben und begraben ist, folgert Petrus, kann sich der Vollsinn dieses Psalms, der da auf die todüberwindende Lebensmacht Gottes vertraut, nur auf einen anderen, auf den Messias, beziehen und seine Auferstehung meinen (Apg 2, 24-36). So beruft sich auch Paulus im pisidischen Antiochien (Apg 13,32-41) auf Psalm 16 wie auf Psalm 2 und Jes 55,3. Andeutungen solcher Schriftstellen werden als »an die Väter ergangene Verheißungen« gesehen, die Gott in der Auferstehung Jesu »für uns« hat in Erfüllung gehen lassen. Auch vor König Agrippa sagt Paulus: »Wegen der Hoffnung auf die Verheißung, die Gott unseren Vätern gegeben hat, stehe ich als Angeklagter hier« (Apg 26,6). Die von den Aposteln angewandte Schriftauslegung mag uns verwundern, da alle angegebenen Stellen des Alten Testaments für das erste Ver-

ständnis keineswegs so klar auf den Messias oder gar seine Auferstehung hinweisen. Aber wer einmal die Kraft der Auferstehung des Herrn erfahren hat, der findet, dass in ihr wirklich alle Verheißungen ihre Erfüllung gefunden haben. Alles, was Gott an neuem Anfang und Mut, an Hoffnung und Zuversicht weckt, alles, was dieses Volk an Machttaten seines lebendigen Bundesgottes erfährt und darum auch für die Zukunft erwartet, alles, was dieses Volk auf Grund prophetischen Wortes an künftigem Heil ersehnt, all das, die ganze Geschichte und die ganze Schrift des Alten Bundes, bleibt Stückwerk, Fragment und Rätsel, wenn es nicht zusammengefasst wird in dem einen Christus. In ihm ist das alles, was schon längst in Frage gestellt, vertan und untergegangen schien, zum Leben erweckt und zur Herrlichkeit erhöht. So erweist sich das Neue und Überraschende der Auferstehung Jesu zugleich als das, was die ganze Geschichte zusammenfasst und sinnvoll macht. Wie die Apostel sich der Kraft des erhöhten Christus anvertraut und in ihm den Sinn ihrer eigenen jüdischen Geschichte erst voll entdeckt haben, so mag und soll es auch uns ergehen. Wenn wir es wagen, uns von der Kraft des Auferstandenen

ergreifen zu lassen, werden auch wir erfahren, dass das geheime Sehnen unseres Lebens, dass die Hoffnungen und höchsten Erwartungen des menschlichen Geistes, dass all Verheißung, die geschichtlichen Bewegungen innewohnt, dass aller Aufbruch in die Zukunft in der Auferstehung unseres Herrn zusammengefasst und der Bedrohnis der Vergeblichkeit und des Unterganges entrissen und wahrhaft erfüllt sind. Immer tiefer wird uns gewiss, dass der Einsatz, den wir auf Christi Wort hin wagen, nicht umsonst ist und dass eine nicht greifbare und nicht von Menschengeist herstellbare, sondern geschenkte Sicherheit unser Leben trägt. Diese Sicherheit ist voller Freude, wie sie uns aus dem Lied Ephräm des Syrers deutlich wird:

Preis dir, o Herr,
du lässt sterben!
Preis dir, o Herr,
du erweckst zu neuem Leben!
Auch meine Zither
soll bei der Auferstehung
dein Lob singen! Amen.

Odilo Lechner

DAS GRAB IST LEER!

Das Grab ist leer,
das Grab ist leer!
Erstanden ist der Held!
Das Leben ist des Todes Herr,
gerettet ist die Welt!

Die Schriftgelehrten hatten Müh'
und wollten weise sein;
sie hüteten das Grab,
und sie versiegelten den Stein.

Doch ihre Weisheit, ihre List
zu Spott und Schanden ward;
denn Gottes Weisheit höher ist
und einer anderen Art.

Sie kannten nicht den Weg,
den Gott in seinen Werken geht;
und dass nach Marter und nach Tod
das Leben aufersteht.

Matthias Claudius

WARUM ICH AN DIE AUFERSTEHUNG GLAUBE

*W*arum ich, Reinhard Körner, an den auferstandenen, bei Gott lebenden Jesus glaube? Ich habe mir lange darüber Rechenschaft gegeben. Nicht weil die Oster-Texte im Lukas-, Matthäus- und Johannes-Evangelium von einem leeren Grab erzählen und nicht weil Jesus diesen Texten nach von den Jüngern mit leiblichen Augen als Auferstandener gesehen worden ist. Das ist nicht der letzte Grund, und das war er auch nicht, bevor mich die Bibelwissenschaftler »verunsichert« haben. Ich glaube dir, Jesus, dass du lebst, weil ich dir deinen Gott glaube. Wenn er der Gott der Liebe ist, wenn er so ist, wie du ihn als »Schatz« im Herzen getragen hast, wenn er so ist, wie du ihn vorgelebt hast, dann hat er dich nicht im Tod gelassen – und dann wird er auch mich nicht und niemanden, den er liebt, in das Nichts zurückfallen lassen.

Vielleicht ist es die Liebe, erst die Liebe, die uns – wenigstens ahnend, wenigstens rebellierend gegen den Tod – »sehend« macht, Jesus, für deinen Gott,

von dem du sagst: »Er ist doch nicht ein Gott von Toten, sondern von Lebenden!« (Mk 12,27).

Es gibt ein paar Menschen, von denen ich mir ganz sicher bin, das sie großen Schmerz empfinden werden, wenn auch ich gestorben bin. Sie möchten mich nicht verlieren, ich bin ihnen viel wert, sie haben mich lieb. Nie zuvor habe ich dies so deutlich erfahren wie in den langen Wochen einer schweren Krankheit, als ich nach Einschätzung der Ärzte nur noch eine Lebenschance von eins zu hundert hatte. Später, auf dem allmählich vorangschreitenden Weg der Genesung, habe ich mich an ein Wort des französischen Philosophen Gabriel Marcel erinnert. In seinem Schauspiel »Der Tote von Morgen« (von 1919) schreibt er:

> »Einen Menschen lieben, das heißt,
> ihm sagen: Du, du wirst nicht sterben!«

Nicht: du darfst nicht sterben!, sagt hier das Herz des Liebenden, sondern: du wirst nicht sterben! So, das weiß ich seit meiner schweren Erkrankung, haben es mehrere meiner Freunde empfunden. Nur eine Liebe freilich, die beim anderen nicht »die Liebe« sucht, sondern im Geliebten die

Person erblickt, die größer und kostbarer ist als alle Liebe, vermag in einem Menschen die Kraft zu einer solchen Gewissheit freizusetzen. Sie lässt ihn dahin reifen, dass er den Geliebten nicht mehr festhalten will mit dem angstvollen »Du darfst nicht sterben!«; er weiß nun vielmehr – ohne zu wissen, wie er es weiß: Du, du wirst nicht sterben! Auch dann nicht, wenn du stirbst! Du wirst für immer dasein!

Sollte es, wenn schon Menschen so denken und empfinden können, dann Gott, deinem Gott, Jesus, egal sein, ob ich tot bin oder lebe? Dann wäre es nicht weit her mit seiner »Liebe«! Dann wäre er schlechter in seinem Charakter als meine Freunde. Dann wäre er schlechter in seinem Charakter als meine Freunde. Dann wäre er auch nicht wie du, Jesus. Und das kann ich mir nicht vorstellen, Wenn er mich liebt, dann wird er nicht sagen: So, lieber Reinhard, jetzt bist du fünfundsiebzig, aachtzig oder gar neunzig Jahre alt geworden; es war eine – mehr oder weniger – schöne Zeit mit dir, nun ab ins Vergessen … Und das hat er, schon gar nicht, zu dir, Jeschua, gesagt.

Gott hat dich aus den Toten aufgeweckt. Er wird auch mich aufwecken und alle, deren Tod mir ein

71

großer Schmerz ist. Das »weiß« ich, das ist Gewissheit in mir.

Ist es die Erfahrung dieser Gewissheit, einer, wie ich im Rückblick auf mein Leben bekennen muss, als Geschenk erhaltenen, nicht anstudierten, nicht anerzogenen, nicht selbst zurechtgemachten Gewissheit, die auch die frühen Christen meinen, wenn sie sagen, du seist ihnen »erschienen«? Wenn ja – es würde mir genügen.

Reinhard Körner

OSTERSPAZIERGANG

Vom Eise befreit sind Strom und Bäche
Durch des Frühlings holden, belebenden Blick;
Im Tale grünet Hoffnungs-Glück;
Der alte Winter, in seiner Schwäche,
Zog sich in rauhe Berge zurück.
Von dorther sendet er, fliehend, nur
Ohnmächtige Schauer körnigen Eises
In Streifen über die grünende Flur;
Aber die Sonne duldet kein Weißes,
Überall regt sich Bildung und Streben,
Alles will sie mit Farben beleben;
Doch an Blumen fehlt's im Revier,
Sie nimmt geputzte Menschen dafür.
Kehre dich um, von diesen Höhen
Nach der Stadt zurück zu sehen.
Aus dem hohlen finstern Tor
Dringt ein buntes Gewimmel hervor.
Jeder sonnt sich heute so gern.
Sie feiern die Auferstehung des Herrn,
Denn sie sind selber auferstanden,
Aus niedriger Häuser dumpfen Gemächern,
Aus Handwerks- und Gewerbes-Banden,

Aus dem Druck von Giebeln und Dächern,
Aus der Straßen quetschender Enge,
Aus der Kirchen ehrwürdiger Nacht
Sind sie alle ans Licht gebracht.
Sieh nur sieh! wie behend sich die Menge
Durch die Gärten und Felder zerschlägt,
Wie der Fluss, in Breit' und Länge,
So manchen lustigen Nachen bewegt,
Und, bis zum Sinken überladen,
Entfernt sich dieser letzte Kahn.
Selbst von des Berges fernen Pfaden
Blinken uns farbige Kleider an.
Ich höre schon des Dorfs Getümmel,
Hier ist des Volkes wahrer Himmel,
Zufrieden jauchzet groß und klein:
Hier bin ich Mensch, hier darf ich's sein.

Johann Wolfgang von Goethe

DER, DEM ICH VERTRAUE, IST ANDERS, ALS ICH DENKEN KANN

Das hat Gott getan. Diesen kurzen Satz möchte ich überall einfließen lassen, wo von Auferstehung die Rede ist. In die theologischen Abhandlungen. In die Predigten. In die Lieder. In die Diskussionen und Gespräche. Das hat Gott getan – soll da immer wieder dazwischen gesagt werden, so sicher und beruhigend, wie ein Amen unter einem Gebet steht oder in alten Schriften das Kürzel »das ist gewisslich wahr« auftaucht.

Mein Denkrefrain für alles, was mir zum Thema »Auferstehung« durch den Kopf geht, ist dieser kleine Satz. Lebte Johann Sebastian Bach noch – am liebsten würde ich ihn bitten, diesen Satz zu vertonen, eine Melodie für ihn zu finden, eine Tonfolge, so unverwechselbar und eindringlich fremd wie sein b-a-c-h. Jedes dieser vier Wörter ein eigener Ton: das – hat – Gott – getan; worüber man dann phantasieren kann und paraphrasieren, und doch fände man immer wieder schließlich zur Ursprungsfolge zurück, und erst dann wäre es gut. Kein Mensch kann auferstehen von sich aus. Auch

Jesus konnte nicht auferstehen. Das hat Gott getan.

Auferstehung ist keine menschliche Leistung. Ist auch, trotz des paulinischen Weizenkornvergleiches, kein natürlicher Vorgang, keine Schöpfungsmöglichkeit, auch kein Zufall. Auferstehung hat mit Frühling und Sonne nichts zu tun, nichts mit den blühenden Bäumen zur Osterzeit. Nichts mit der Wiederkehr der Jahreszeiten. Sie ist etwas Unnatürliches, Nichtnatürliches. Nicht vorgesehen in Jahreslauf und Erdenkreis. Sie ist ganz allein Gottes Tat. Auferweckung ist das andere, das ein-deutigere Wort. Jesus wachte nicht von selber auf aus dem Tod. Gott hat ihn auferweckt. Auch wir werden nicht einfach von selber aufwachen aus dem Tod.

»Als Gott seinen Sohn zum König machen wollte, fing er an mit großen Wundern und Kraft; aber da es am besten sein sollte, lässt er ihn am Kreuz sterben als einen verzweifelten Bösewicht; doch schaffte er's so, dass er, als alle Vernunft an ihm verzweifelt hatte, hervorkommt und ewig König wird. Wie den Kindern Israel, als sie mitten im Tode standen ohne alle Hilfe und Rat, reißt er das Meer voneinander, dass sie trocken hindurchge-

hen. So geht es mit uns auch, wenn wir ihn anrufen, errettet zu werden vom Tode, so führt er uns erst hinein. Solches tut er nun darum, dass er die Vernunft zu Schanden mache, welche nicht glauben, sondern wissen will, wie, wo und wann, auf dass der Glaube Raum habe und lasse Gott machen. Gottes Werke sind nicht wie Menschwerke, sondern ganz widersinnig; es geht also, dass, wenn etwas aufgehen soll, so geht es vorher unter.«

So lese ich in meinem Andachtsbüchlein Martin Luther über Jesu und unsere Auferstehung lehren. Wiederholt widersinnig sei Gottes Vorgehensweise von Anfang an gewesen, von unausdenkbarer, Haken schlagender Güte. Leicht, mag sein, zu leicht gefragt: Vielleicht ist auch darum der Hase zum Ostertier, Auferstehungstier geworden, weil auch seine Wege, wenn er über die Felder flitzt und der Todesmeute entkommen will, unvorhersehbar sind?

Ganz ruhig und beruhigend lässt Jesaja Gott sagen: »Meine Gedanken sind nicht eure Gedanken, und eure Wege sind nicht meine Wege, spricht der Herr. Sondern so viel der Himmel höher ist als die Erde, so sind auch meine Wege

höher als eure Wege und meine Gedanken als eure Gedanken.«

Das Wie und Wo und das Wann der Auferstehung – noch die Scharfsinnigsten werden's nicht ergründen. Auch die feinste Theologie wird nur sagen können: Das hat Gott getan. Wir können Gott nicht über die Schulter gucken.

»Darum sorget nicht für morgen, denn der morgige Tag wird für das Seine sorgen. Es ist genug, dass jeder Tag seine eigene Plage hat« (Matthäus 6,34). Für mich gilt dieser Ratschlag Jesu auch für die Auferstehung und die tausend Gedanken, die sich die Leute über sie machen.

Wenn es um die Auferstehung geht, kann ich mich kurz fassen. Ganz kurz. Mir geht es nicht wie dem Johannes auf Patmos. Ich habe kein Bilderbuch der Ewigkeit je nötig gehabt. Und grübele auch nicht herum über das, was nach meinem Tod sein wird. Sorget euch nicht um das, was morgen sein wird, sagt Jesus. Daran halte ich mich. Ich halte meines Verstandes Kräfte nicht für fähig, irgendwelche eigenen Sätze über die Ewigkeit zu formulieren. Das lege ich alles in Gottes Hände. Und wenn sich mir dann doch einmal schwere Gedanken über meinen Tod und mein Auferstehen einstellen – so

werfe ich solche Sorgen in Himmelsrichtung, wenn's irgend mir gelingt. Nicht aus Denkfaulheit oder Gefühlsarmut, sondern weil ich mich in diesen Dingen lieber auf Gott verlassen möchte als auf mein eigenes Können und Vermögen.

Sollte mir aber die Betrübnis über den Tod und das Sterbenmüssen gar zu groß werden, so hoffe ich doch, dass ich immer noch genug Kraft finde, zur Bibel zu greifen und aus ihren Geschichten zu finden, was ich zum Leben und zum Sterben brauche und was mir die Sorgen vertreibt: meine vertrauten Psalmen, das Vaterunser, die Zickzack-Lebensgeschichte des Joseph, die Gleichnisse oder was es auch sei.

Oder mir fällt wieder ein, wie Jesus vorne im Boot auf dem Kissen ruhte, während der Sturm rings ums Boot toste. Oder was er von den Vögeln unter dem Himmel sagte und den Blumen auf dem Felde. Ach, tausenderlei – so viel Sorgen kann ich mir gar nicht machen, wie die Bibel Antworten auf sie hat.

Geradezu gefährlich aber waren mir immer schon die Leute, die mit Ewigkeitsversprechungen oder auch Höllendrohungen andere Leute zu Taten hier im Leben anreizen wollten. Als wüssten sie genau, wie es zuginge nach dem Tod, in der Ewigkeit.

Betrüger eher scheinen mir solche Leute zu sein, geistliche Dilettanten, die anderes im Schilde führen. Der Himmel, die Ewigkeit ist kein Druckmittel und nichts Beliebiges zum Jonglieren. Das lasse ich alles in Gottes Händen.

So stimme ich zu, wenn Julie Hausmann uns singen lässt: »Wenn ich auch gleich nichts fühle von deiner Macht, du führst mich doch zum Ziele, auch durch die Nacht.« Oder, zwei Jahrhunderte vor ihr, Paul Gerhardt: »Befiehl du deine Wege und was dein Herze kränkt der allertreusten Pflege, des der den Himmel lenkt. Der Wolken, Luft und Winden gibt Wege, Lauf und Bahn, der wird auch Wege finden, da dein Fuß gehen kann.«

Für mich sind das auch Auferstehungslieder. Himmelslenker nennt Paul Gerhardt Gott!

Wenn Gott den Himmel lenken kann, wie viel mehr wird er mein kleines Leben auch aus dem Tode herauslenken können. Was Tod und Auferstehung angeht, vertraue ich blind der allertreusten Pflege: Er wird's wohl machen.

Ich habe mir also vorgenommen, Jesu Ratschlag über das Morgen zu folgen und mir keine Sorgen und schweren Gedanken über Tod und Auferstehung zu machen.

Und wie ist es mit den Hoffnungen und schönen Gedanken? Wenn ich mir Gedanken mache, dann nur die schönsten! Ja, ich lobe die Anstrengungen der Lieddichter und Dichterinnen durch die Jahrhunderte des Christentums hindurch seit jenem ersten Ostermorgen. Es rührt mich, ihre poetischen Vorstellungen zu lesen: statt das tägliche Brot zu essen, dann das Manna der Engel zu speisen; weiß bekleidet wie eine Braut einherzugehen; im Freudensaal mit hunderttausend Zungen; zu sein im schönsten Bündlein derer, die im Himmel grünen – und was da sonst mehr uns hingedichtet wird an schönen und liebreichen Worten, die aus dem Abstand der Jahrhunderte allerdings manchmal ein wenig lächerlich, nein, das ist zu hart gesagt, zu lieblich klingen. Aber das sind ja alles auch höchstens Annäherungen an sowieso Unvorstellbares. Daher verstehe ich Johann Andreas Rothe auch sehr gut, wenn er zum Schluss eines seiner Lieder über die Macht Gottes eben doch nur in ein Paradox flüchten kann: Abgrund der Barmherzigkeit. Unauslotbar ist dies alles unserem Verstehen. Die Rede von der Auferstehung sprengt alle Kategorien unseres Denkens und Fühlens; auch die frömmsten Dichter bewältigen sie nicht.

Wie die Dichter an die Grenze des Sagbaren gelangen, geraten die Maler an die Grenze des Darstellbaren. Es sei, sie gehen unbekümmert erzählerisch wie die Evangelisten mit der Auferstehung Jesu um und stellen Jesus im Garten am Ostermorgen mit den Frauen oder mit den Emmausjüngern weiter als hell gekleideten Jüngling dar. Erkenntlich manchmal an den Wundmalen der Kreuzigung, aber sonst, als sei nichts geschehen. Dieser Tradition folgte zuletzt Bettina Rheims mit ihrer viel diskutierten Photoserie I.N.R.I. (1988) und ihrem Emmausphoto: ein junger Mann im weißen Anzug in einer vernebelten Gaststätte, eine blonde, magdalenische Kellnerin im Vordergrund, eben dabei, den drei Jüngern Kaffee auf einem Tablett zu bringen. So kann man vergegenwärtigend weitererzählen, illustrativ. Oder Jesus, an vielen Altären und Kanzeln erscheint er so, hoch über der Erde himmelwärts mit der Siegesfahne in der Hand. Liebliche Bilder und Darstellungen darunter, »in die man sich verlieben kann«, wie Jan Kelch zu der »Auferstehung Christi« des Venezianers Giovanni Bellini aus dem 15. Jahrhundert, zu sehen in der Berliner Gemäldegalerie, vermerkt.

Ganz anders stellte im 16. Jahrhundert Matthias Grünewald die Auferstehung auf einer Tafel des Isenheimer Altars dar: mangelnd aller Lieblichkeit. Nie länger als ein paar Sekunden wagte ich als Kind, dieses krasse Bild zu betrachten. Eine Mutprobe war das mir jedes Mal, wegen des stechenden Blickes Jesu, dessen Gesicht in der Aureole zu entschwinden scheint, Als malte Grünewald den Moment, wo die Menschlichkeit Jesu aufhört und in die Göttlichkeit eingeht. Ein erschreckendes Bild, gemalt direkt an der Grenze des Darstellbaren. Wie die von Gottes Macht umgeworfenen Kriegsknechte unten auf dem Bild wollte und konnte ich nicht hinblicken. Viel Wahrheit ist in dem Bild.

Inzwischen habe ich mich an das Bild gewöhnt, aber das Erschrecken steigt jedes Mal wieder in mir hoch, und ich vermeine, etwas von Gottes Macht zu erahnen.

Der, dem ich vertraue, ist anders, als ich denken kann. Aber nicht dieses Bild, sondern die vielen biblischen Geschichten über die Liebe und Allmacht Gottes, den wir mit Jesus als Vater und mit den Psalmen als Guten Hirten anrufen, geben mir Halt.

So bleibe ich bei meinem Satz. Auferstehung Jesu? Das hat Gott getan. Mein Herz weiß, fühlt und lässt mich glauben: Was Gott tut, das ist wohl getan. Und was Gott tun wird, dann nach dem Sterben, wenn ich einmal gestorben bin, auch. Er wird's wohl machen, mit einem jedem, mit einer jeden von uns.

Maria Jepsen

DER GLAUBE AN DIE AUFERWECKUNG JESU MUSS GLAUBWÜRDIG SEIN

Die Auferweckung Jesu ist ein Geheimnis. Es kann nur im Glauben erfasst werden. Der Glaube aber kann kein blinder Glaube sein, sondern muss ein sehender, ein glaubwürdiger Glaube sein. Ohne den Glauben an Gott kann nicht an die Auferweckung Jesu geglaubt werden. Da ich an Gott, den allmächtigen Vater, glaube, traue ich ihm auch zu, dass er auf wunderbare Weise in den berechenbaren, alltäglichen Ablauf des Lebens eingreifen kann. In der Geschichte der Menschheit und der Menschen gibt es immer wieder Beispiele für ein solches Eingreifen Gottes, das alle Erfahrungen übersteigt und alle Erwartungen in lineare und rationale Entwicklungen durchkreuzt. Menschlich sind solche Zäsuren nicht erklärbar. Aber sie sind als Ereignis der schöpferischen Allmacht Gottes, der diese Welt nicht nur geschaffen hat, sondern in ihrem Dasein erhält, erfahrbar und deutbar.

Die biblische Geschichte Israels von Abraham bis Mose ist voll von solchen Ereignissen, in denen das Wirken Gottes als Einbruch und Aufbruch erfahren wurde. Jedes Volk erlebt solche Zeitenwenden in seiner Geschichte, unser Volk und die europäischen Nachbarvölker zuletzt in der Erfahrung des Jahres 1989 mit dem Zusammenbruch des Kommunismus, der Überwindung der Spaltung Europas, der Befreiung ganzer Völker, der Wiedervereinigung Deutschlands und Berlins, ohne dass ein Schuss fiel. War dieses Ereignis vorhersehbar? Keiner hat die Entwicklung vorhergesehen, kein Zukunftsforscher und Leitartikler. War dieses Ereignis Folge planbarer und geplanter Politik? Das Gegenteil war der Fall. Auch wer die Wiedervereinigung nicht als Lebenslüge bezeichnet und abgeschrieben hatte, wurde überrascht und hatte nichts vorbereitet. Es gibt Entwicklungen oder besser Entwicklungsbrüche und -abbrüche in der Geschichte und es ereignet sich Neues, Ungeahntes, Unvorhersehbares, Überraschendes. Es ist Geschick, weil geschickt, oder Geschenk, weil geschenkt. Es ist Gnade, Einbruch des Göttlichen. Denn Gott ist nicht nur ein ferner, sondern auch ein naher Gott, ein Gott der Geschichte, ein Gott auf dem Weg mit den Menschen.

Diese Lebenserfahrung hilft mir beim Bemühen, die Auferstehung Jesu zu begreifen.

Die Sache Jesu war mit dem Tod am Kreuz für alle seine Jünger genauso zu Ende wie für alle Menschen, die ihn herbeigeführt haben oder für die sein Leben und Sterben gleichgültig war. Die Jünger waren alle auf der Flucht (siehe Markus und Johannes). Petrus hat ihn verlassen und dreimal verleugnet. Die Jünger, die zerstreut waren und verängstigt zugleich und enttäuscht dazu, sie haben die Auferstehung nicht erfunden. Alles, was sie mit Jesu schimpflichem Tod erfahren hatten, zerstörte jede Hoffnung. Der Tod des Wanderpredigers war das Ende seiner Anhänger. Sie gingen nach Galiläa zurück.

Und dann auf einmal: die Rückkehr nach Jerusalem. Die neue Gemeinschaft. Das Verschwinden der Angst. Ein Selbstbewusstsein zum Bekenntnis, zur Predigt, zur Sendung.

Woher kam die Wende, die neue Hoffnung, die plötzliche Überzeugung? Sie kam nicht vom leeren Grab, sondern ausschließlich aus der persönlichen Begegnung mit einem Lebenden. Der Lebendige, der ihnen wirklich begegnete, war identisch mit dem Gekreuzigten. Er erschien Petrus, den Zwölfen, ja 500 zugleich, die fast alle noch lebten, als die ersten Zeugnisse von Paulus

und den Evangelisten niedergeschrieben wurden. Sie waren noch befragbar. Sie alle bezeugten, einem Lebenden, einem Gegenwärtigen, einem Handelnden und Lehrenden (Emmausjünger), einem Befühlbaren (Thomas) begegnet zu sein.

Einer kann subjektive und objektive Erscheinungen haben. 500 bis 600 Menschen an verschiedenen Orten und bei verschiedenen Anlässen können sich nicht täuschen. Sie machten eine neue Erfahrung mit Jesus und sie erkannten ihn. Das hat ihre völlig veränderte Einstellung bewirkt. Der Lebendige, nicht ein leeres Grab, hat sie überzeugt. Sie hatten eine solche Gewissheit, dass sie ihr Leben in den Dienst dieser Botschaft stellten. Was diese Menschen überzeugt hat, kann auch uns überzeugen: Die Auferstehung Jesu ist eine Tat Gottes. Jesus wurde auferweckt durch Gottes Macht und Wille und Bestätigung. Die Auferweckung Jesu schuf den Glauben der Jünger, nicht der Glaube der Jünger die Vorstellung von seiner Auferstehung. Der Gott, der Jesus auferweckt hat, bewirkt auch unseren Glauben, und in diesem Glauben ist für mich die Auferweckung Jesu glaubwürdig.

Erwin Teufel

CHRIST IST ERSTANDEN

*C*hrist ist erstanden
von der Marter alle.
Des solln wir alle froh sein;
Christ will unser Trost sein.
Kyrieleis.

Wär er nicht erstanden,
so wär die Welt vergangen.
Seit dass er erstanden ist,
so freut sich alles, was da ist.
Kyrieleis.

Halleluja, Halleluja, Halleluja,
Des solln wir alle froh sein;
Christ will unser Trost sein.
Kyrieleis.

WIEDERGEBOREN ZU EINER
LEBENDIGEN HOFFNUNG

*W*eihnachten und Ostern erinnern im Jahreskreis in besonderer Weise an elementare – man könnte auch sagen an geradezu provozierende – Botschaften des Evangeliums. Weihnachten gemahnt uns an die Geburt Christi und damit an einen im Grunde keineswegs lieblichen oder gar süßlichen, sondern an einen ganz ungeheuerlichen Vorgang: daran nämlich, dass der allmächtige Gott in Gestalt eines hilflosen Kindes in Armut und Not und am Rande der damaligen Gesellschaft Mensch geworden ist und sich so mit uns auf eine Stufe gestellt hat. Und das in einer Zeit, in der umgekehrt sterbliche Potentaten zur Verewigung ihrer Macht zu Göttern erhoben wurden.

Ostern rückt eine andere, nicht minder herausfordernde Kernaussage des Neuen Testaments in unser Bewusstsein. Das ist die Aussage, dass Christus – also Gott – um des Heils der Menschen willen gestorben und kurz darauf von den Toten auferstanden ist. Was darunter genau zu verste-

hen ist, beschäftigt die Theologie seit Jahrhunderten. In neuerer Zeit bezweifeln einige Theologen sogar die Historizität dieses Geschehens, obgleich es in der Apostelgeschichte und insbesondere in den Paulusbriefen sehr konkret angesprochen und geschildert wird. Sie verweisen unter anderem darauf, dass Auferstehungen damals auch von anderen Personen berichtet wurden; so etwa von Kaiser Augustus.

Als theologischer Laie kann ich mich dazu nicht näher äußern. Ich muss es vielmehr ungeachtet aller Zweifel, die auch mich mitunter plagen, bei der Feststellung bewenden lassen, dass ich an die Auferstehung glaube und sie für eine grundlegende Wahrheit des Evangeliums erachte. Und glauben heißt ja bekanntlich, etwas für wahr zu halten, was sich rational nicht beweisen lässt. Oder anders ausgedrückt, die Grenzen zu erkennen, die dem menschlichen Verstand und seiner Einsichtsfähigkeit gegenüber göttlicher Offenbarung gesetzt sind.

Warum tue ich das? Einmal, weil ich von der Existenz eines persönlichen Gottes – ich spreche selber vom Herrgott – ausgehe und den Gedanken einleuchtend finde, dass ein solcher Gott, wenn er

schon Menschengestalt annimmt, auch die Macht hat, den Tod zu überwinden. Zum anderen, weil es ja nicht nur um die göttliche Auferstehung, sondern im Zusammenhang damit auch um die menschliche Auferstehung und die menschliche Unsterblichkeit geht – wie immer man sich das menschliche Fortleben bis zum Ende der Zeiten und danach auch vorzustellen hat.

Ich weiß: Nicht wenige schütteln heute über solche Gedankengänge den Kopf und halten sie für ziemlich phantastisch. In der gegenwärtigen Welt, in der die Wissenschaft das Weltall bis in seine Anfänge hinein erforscht, immer weiter in die Geheimnisse der menschlichen Existenz eindringt und bereits beginnt, die Bausteine jedes einzelnen Individuums aufzulisten, ja seine Reproduktion für möglich zu halten, habe Derartiges keinen Platz mehr und sei bestenfalls unter die Mythen der Vergangenheit einzureihen.

Ich sehe das anders. Ich glaube, dass der Mensch gerade in einer Zeit, in der unentwegt von mehr Flexibilität und Mobilität die Rede ist, in der die Globalisierung unseren Planeten und damit die Identifikationsmöglichkeiten schrumpfen lässt und sich insbesondere die technologischen Ent-

wicklungen immer mehr beschleunigen, eines archimedischen Punktes bedarf. Sonst droht er in orientierungsloser Beliebigkeit zu versinken oder einem Egoismus anheimzufallen, der nur noch das materielle Mehr im Auge hat. Und dabei keinerlei Grenzen mehr respektiert; ja sogar partiell – ich denke an die Nutzung der Kernkraft und an genetische Eingriffe in die menschliche Substanz bis hin zum Klonen – Allwissenheit und Allmacht in Anspruch nimmt.

Für nicht wenige leitet sich dieser archimedische Punkt aus philosophischen Erwägungen her, etwa aus dem kategorischen Imperativ des Immanuel Kant. Für mich ist es – ich sagte es schon – die Vorstellung von einem persönlichen Gott und von der Gottesebenbildlichkeit jedes Menschen. Schon das verbietet mir, im Umgang mit meinen Mitmenschen die goldene Regel, also das Gebot der Nächstenliebe, außer Acht zu lassen.

Verstärkt wird diese Motivation durch den Gedanken der Unsterblichkeit. Eugen Drewermann hat einmal geschrieben, die Welt wäre ein ewiger Sarg, wenn es das Bild der Auferstehung nicht gäbe; wenn mit dem Tod alles zu Ende wäre. Natürlich hilft der Gedanke auch, die Angst vor dem

Sterben zu überwinden oder doch mit ihr besser zurechtzukommen. Sie erinnert aber auch daran, dass sich der Mensch gegenüber Gott für sein Tun und Lassen zu verantworten hat – und das nicht nur im Diesseits. Wobei mir allerdings eher die Güte und Barmherzigkeit Gottes als die unerbittliche Strenge des Gerichts vor Augen steht.

Das ist übrigens eine Hoffnung, die sich ebenfalls mit der Osterbotschaft verbindet. Im 1. Brief des Petrus heißt es dazu im 1. Kapitel: »Gelobt sei Gott, ... der uns nach seiner großen Barmherzigkeit wiedergeboren hat zu einer lebendigen Hoffnung durch die Auferstehung Jesu Christi von den Toten.« Besser kann man es kaum ausdrücken.

Hans-Jochen Vogel

DEM SCHEITERN GEHÖRT NICHT DAS LETZTE WORT

*W*as bedeutet die Auferstehung Jesu für mich und meinen Glauben? Zunächst und vor allem ist es für mich die Quelle für Lebensbejahung und Aufbruch zu neuem Leben. Nichts verschwindet einfach, was dem Leben schadet und ihm alltäglich Grenzen setzt. Der Tod kann nicht übersprungen werden. Aber Jesu Auferstehung ist mit der Zusage verbunden, dass uns im Leben immer wieder die Kraft zu neuer Erfahrung von Leben und Lebensfülle möglich wird. Jesu Auferstehung lässt mich vertrauensvoll hoffen, durch den Tod hindurch Lebensperspektiven zu erfahren.

Von Thomas Bernhard stammt der Satz: »Am Ende wird alles scheitern.« Die Botschaft von Ostern besagt das ganz Andere: Der Mensch wird durch alles Scheitern hindurch zu wahrem Leben kommen. Dem Scheitern gehört nicht das letzte Wort. Ostern ist für mich aber auch seit Jugendtagen mit Erinnerung und Erfahrung an ein bewusst gestaltetes Fest verbunden.

Da waren zunächst die Osterpredigten des Pastors meiner Heimatgemeinde St. Dreikönigen in Neuss. Der spätere Domprobst Werner Ketzer war ein begnadeter Prediger. »Der Herr ist wahrhaft auferstanden« – so eröffnete er seine alljährliche Predigt und verkündigte die Botschaft von der Auferstehung Jesu Christi als das Herzstück des christlichen Glaubens, als den Höhepunkt der Verkündigung und als überwältigende Botschaft für jeden Menschen. Ich erinnere mich an die gespannte Stille in der Kirche, an den festlichen Gottesdienst des Jahres in seiner reichen Symbolik. Ich erinnere mich an die österliche Freude, die dabei spürbar war nach den stillen Tagen der Karwoche und den damit verbundenen Vorbereitungen auf das Fest.

Ostern hat schon damals auf mich einen sehr viel nachhaltigeren Eindruck gemacht als jedes andere kirchliche Hochfest. Und das ist bis heute so geblieben. Es ist für mich das Fest, an dem uns Aufbruch zu neuem Leben und Lebensperspektiven über den Tod hinaus zugesagt werden.

In meinem Theologiestudium begegnete ich dem Moraltheologen Franz Böckle. In einer Vorlesung beschrieb er das christliche Selbstverständnis so:

»Das spezifisch Christliche einer christlichen Existenz liegt in der Bedeutung von Karfreitag und Ostern für das Selbstverständnis gläubiger Christen. Im Blick auf Karfreitag und Ostern sieht der Christ den Grund seiner Hoffnung. Der Glaube an die Durchbrechung der Schranke des Todes macht ihn frei zu einem Leben gegen reine Selbstbehauptung, deren Wahrheit der Tod ist.« Das ist für mich ein Schlüsselwort geworden. Karfreitag und Ostern als Grund unserer Hoffnung; Lebensperspektiven gegen die reine Selbstbehauptung und Ausgangspunkt für ein neues Verhältnis zwischen Himmel und Erde. Nicht weil der Christ enttäuscht ist von der Welt, glaubt er an Gott, sondern weil er an Gott glaubt, wendet er sich der Welt voller Hoffnung zu.

Mein Studium fiel in jene Zeit, in der nach dem Zweiten Vatikanischen Konzil und der Würzburger Synode viel Aufbruchstimmung in der Kirche spürbar war. Wege des Dialogs als Ausdruck einer kritischen Zeitgenossenschaft wurden gewagt. In den Vorlesungen zur christlichen Ethik von Böckle ist uns Studierenden der Ernst christlicher Weltverantwortung erfahrbar geworden. Böckle gehörte zur Generation jener christlichen Ethiker, die in

ihrem Ansatz zu einer autonomen Moral im christlichen Kontext die vom Konzil beschriebene Autonomie der Sachbereiche aufgriffen, Fragen nach dem Verhältnis von Glaube und Vernunft bearbeiteten und die Kommunikabilität einer christlich begründeten Ethik einforderten, die Gläubigkeit und Vernünftigkeit vereinbart. Gerade vor diesem Hintergrund war seine Beschreibung des Spezifikums christlicher Existenz mit dem Hinweis auf Karfreitag und Ostern so zentral. Das von daher geprägte Selbstverständnis des Christen übersteigt die rein innerweltlichen ethischen Begründungszusammenhänge. Und: Ostern war damit für mich auch ganz eng verbunden mit einem Fundament für öffentliches Engagement.

Mein beruflicher Weg begann im Dezember 1980 als Referentin im Cusanuswerk, dem Begabtenförderungswerk der deutschen Bischöfe. Im Jahresprogramm der geistlichen Begleitung waren die Osterexerzitien ein Höhepunkt. Im zweiten Jahr meiner Arbeit gestaltete ich diese Tage für Studierende gemeinsam mit dem damaligen Studentenpfarrer im Cusanuswerk, Klaus Stock, im Spindlhof bei Regensburg. Das waren ungewöhnlich dichte und anregende Tage. Zu den besonde-

ren Erfahrungen gehörte für mich die Ernsthaftigkeit, mit der sich junge Menschen mit der Botschaft der Kar- und Ostertage auseinandersetzten. Die Gottesdienste waren wirklich Feste unseres Glaubens. Ich erinnere mich bis heute an die Liturgie am Gründonnerstag und die nachfolgende Nacht des Gebetes, an den Kreuzweg am Karfreitag, an die Feier der Osternacht in den frühen Morgenstunden und das anschließende Osterfrühstück. War die theologische Beschäftigung im Studium verbunden mit dem intellektuellen Interesse an eine geistige Durchdringung der Glaubenssätze, so waren diese Tage ein eindrucksvolles Zeugnis für den gelebten Osterglauben einer jungen Gemeinde. Viele Ehemalige kamen auch in den folgenden Jahren – lange nach dem Ende ihres Studiums – alljährlich in dieser Woche wieder im Spindlhof zusammen. Menschen aus unterschiedlichen Berufen, die sich in dieser Zeit austauschten und immer wieder neu als Gemeinde zusammenfanden.

Die Erfahrungen aus meiner Studienzeit und den ersten Berufsjahren haben mich geprägt in meinem Umgang mit der Karwoche und dem Osterfest. Bis heute ist es für mich eine besondere Zeit.

Zwischenzeitlich habe ich in sehr verschiedenen Gemeinden unterschiedliche Formen der Gestaltung erlebt und konnte erfahren, wie gerade in dieser Zeit eine Gemeinde zueinander findet, um sich auf das Zentrum des christlichen Glaubens zu konzentrieren. Ich denke da vor allem zurück an die Gemeinde St. Gregorius in Aachen oder die Münstergemeinde in Bonn.

Befreiung zu einem Leben gegen reine Selbstbehauptung – Freiheit wird dem Christen darum zum Geschenk und zur Berufung. Innere Freiheit erwächst in solchem österlichen Verständnis aus einer Zusage Gottes an den Menschen zu Leben Selbstbehauptung und Eigensüchtigkeit ist. Dialog und Begegnung werden zu Grundsäulen christlicher Existenz. In einer Zeit, in der Konkurrenz und Selbstbehauptung großgeschrieben sind, wird solches Freiheitsverständnis zur Quelle von Gelassenheit. Ostern schafft neue Lebensräume und schärft den Blick für alles Lebendige. Ostern lässt Wachstum erkennen und begründet Hoffnung auf die bleibend wirkende Rettung des Lebens durch Gott.

Annette Schavan

$\mathcal{I}$n der Osterzeit
sind die Quellen und Bäche am lebendigsten.
Alle die Berge aus Schnee und Eis
rinnen, flüssig geworden,
durch die Adern der Erde,
reinigen sich im Geklüft zwischen den Steinen
und springen aus dem Waldboden,
und weil so viel Wasser nachdrängt,
ist das Plaudern und Murmeln der Quellen
so lebhaft, heiter wie ein Gelächter
oder wie ein munteres Gespräch
unsichtbarer Geister, die vom Leben erzählen
und von den vielen neuen Anfängen überall.

»Des Menschen Seele gleicht dem Wasser«,
sagt Goethe. Das ist wahr.
Aber das Wasser redet auch von seiner
Lebendigkeit,
die die Seele nicht aus sich selbst hat,
und von einem Glück,
das sie aus einer anderen Quelle gewinnt.

Jörg Zink

FRÜHLING DER SEELE

*B*lumen, blau und weiß verstreut,
Streben heiter auf im Grund.
Silbern webt die Abendstund,
Laue Öde, Einsamkeit.

Leben blüht nun voll Gefahr,
Süße Ruh um Kreuz und Grab.
Eine Glocke läutet ab.
Alles scheinet wunderbar.

Saftig grünen Brot und Wein,
Orgel tönt voll Wunderkraft;
Und um Kreuz und Leidenschaft
Glänzt ein geisterhafter Schein.

O! Wie schön sind diese Tag´,
Kinder durch die Dämmerung gehn;
Blauer schon die Winde wehn.
Ferne spottet Drosselschlag.

Georg Trakl

DIE MÄDCHEN WAREN KLÜGER
ALS DIE ERWACHSENEN

Ostern war zeitig im Jahr. Soeben hatte man mit dem Schlittenfahren aufgehört. Auf den Höfen lag noch der Schnee, und durch das Dorf rannen die Bäche. In dem Gässchen zwischen zwei Höfen hatte sich unter dem Mist hervor eine große Pfütze angesammelt. Bei dieser Pfütze hatten sich zwei Mädchen von zwei verschiedenen Höfen eingefunden – das eine jünger, das andere etwas älter. Beiden Mädchen hatten ihre Mütter neue Sarafane angezogen. Beide hatten rote Kopftücher um.

Die Mädchen waren nach der Mittagsmesse zur Pfütze hinausgelaufen, zeigten sich nun gegenseitig ihren Putz und begannen zu spielen. Gar zu gern hätten sie ein bisschen in dem Wasser geplantscht! Das kleinere wollte mit ihren Schühchen in die Pfütze gehen, aber das größere sagte: »Tu's nicht, Malascha, die Mutter wird schelten! Ich ziehe erst meine Schuhe aus und du auch.«

Die Mädchen zogen die Schuhe aus, nahmen die Röckchen hoch und wateten durch die Pfütze auf-

einander zu. Malascha trat bis an die Knöchel ins Wasser und rief: »Da ist es tief. Akuljuschka! Ich habe Angst!«

»Macht nichts«, sagte die andere, »tiefer wird es nicht. Komm nur gerad auf mich zu.«

Sie kamen einander näher. Akulka sagte: »Du, Malascha, pass auf, spritzt mich nicht an, geh vorsichtig!«

Kaum hatte sie das gesagt, da patschte Malascha mit dem Fuß ins Wasser – und gerade auf Akulkas Sarafan spritzte es. Der war von oben bis unten bespritzt, und sogar Nase und Augen hatten was abbekommen. Akulka bemerkte die Spritzer auf ihrem Sarafan, wurde auf Malascha sehr böse, beschimpfte sie, lief ihr nach und wollte sie schlagen. Malascha erschrak, als sie sah, was für ein Unheil sie angerichtet hatte, sprang aus der Pfütze heraus und lief nach Hause. Da kam Alkukas Mutter vorüber und sah, dass der Sarafan ihres Töchterchens bespritzt und auch das Hemd verschmiert war.

»Wo hast du dich so schmutzig gemacht, du Ferkel?«

»Das ist Malascha gewesen, die hat mich bespritzt – absichtlich.«

Da packte Alkulkas Mutter Malascha am Kragen und puffte sie in den Rücken. Malascha brüllte, dass man es über die ganze Straße hörte. Da kam ihre Mutter heraus.

»Warum schlägst du meine Kleine?«, schrie sie die Nachbarin an. Ein Wort gab das andere, und die Weiber gerieten in Streit. Auch die Männer kamen herbei, alle liefen auf der Straße zusammen. Ein jeder schrie, und keiner hörte auf den anderen. Sie beschimpften und stießen einander, und es wäre zur Schlägerei gekommen, wenn nicht eine alte Frau, Alkukas Großmutter, dazwischengetreten wäre. Sie trat mitten zwischen die Bauern und redete ihnen zu: »Was tut ihr, gute Leute? Und noch dazu an einem solchen Tag! Ihr solltet euch freuen und fröhlich sein und begeht eine solche Sünde!« Aber sie hörten nicht auf die Alte und hätten sie beinahe umgerannt. Und sie hätte nichts ausgerichtet, wären nicht Alkulka und Malascha gewesen. Während sich nämlich die Weiber in den Haaren lagen, hatte Alkulka ihren Sarafan saubergerieben und war wieder zur Pfütze hingelaufen. Sie nahm einen Stein und kratzte die Erde an der Pfütze weg, damit das Wasser auf die Straße laufen konnte. Während sie sich damit beschäftigte, kam Malascha herbeige-

sprungen und half ihr, mit einem Hölzchen die Rinne weiter zu machen. Und als sich die Männer gerade verprügeln wollten, lief das Wasser durch die Rinne auf die Straße hinaus, gerade auf die Stelle zu, wo die Alte auf die Bauern einredete. Die Mädchen liefen – das eine auf der einen, das andere auf der anderen Seite des Baches.

»Halt ihn auf, Malascha, halt ihn auf!«, rief Alkulka. Malascha wollte etwas erwidern, konnte sich aber kaum halten vor Lachen.

So liefen die Mädchen und lachten über den Holzspan, der auf ihrem Bach dahinhüpfte. Und sie liefen gerade auf die Bauern zu. Die Alte sah sie und sprach zu den Bauern: »Fürchtet Gott! Ihr Männer wollt euch wegen dieser beiden Mädchen prügeln, die schon lange wieder alles vergessen haben? Schaut hin, die Herzchen spielen schon wieder miteinander. Sie sind klüger als ihr.«

Die Bauern sahen die Mädchen an und schämten sich. Dann lachten sie über sich selber und gingen auseinander.

»So ihr nicht werdet wie die Kinder, kommt ihr nicht ins Himmelreich.«

Leo Tolstoi

AN OSTERN GLAUBEN –
AUS OSTERN LEBEN

*J*etzt wissen wir es: Die Religion hat ihren Sitz in den Schläfenlappen des menschlichen Gehirns – so kürzlich die Auskunft in einem Fernseh-Wissenschaftsmagazin. Wenn in dieser Hirnpartie eine Reizung erfolgt oder eine Störung auftritt, bekommt der Mensch religiöse Anwandlungen. – Ob das wirklich so einfach ist?

Es ist eine Urversuchung des Menschen, alles, was er sich sonst nicht erklären kann, aus materiellen oder gesellschaftlichen Ursachen abzuleiten. Besonders hier im Osten Deutschlands, in einer von den Lehrsätzen des »dialektischen Materialismus« verseuchten Gegend, ist diese einfache Welterklärung noch verbreitet. Und diese Haltung verbündet sich mit der im Westen modisch gewordenen Mentalität, Geist, Kultur und vor allem auch Religion als Phänomene anzusehen, die sich aus der Biologie erklären lassen. Also – der Osterglaube, entweder als Trostvorstellung angesichts des realen Elends einer unterdrückten Klasse, als Opium des Volkes, oder: der Osterglaube

als Produkt neuronaler Verschachtelungen im Gehirn!

Was beide Erklärungsstränge vereint, ist ihre bestrickende Einfachheit. Aber eben da liegt ja das Problem. Der Mensch ist ein leib-seelisches Wesen, das in beiden Bereichen seine Verwurzelung hat: im Leiblich-Materiellen und im Nichtmateriell-Geistigen. Mozart ist eben mehr als ein Produkt der Klassengesellschaft und das Phänomen Goethe ist eben nicht allein mit einigen zusätzlichen Synapsen im Gehirn dieses Menschen zu erklären.

Der Glaube an die Auferstehung Jesu von den Toten und das Bekenntnis zu einer Hoffnung für uns Menschen über den Tod hinaus ist die Mitte, der Dreh- und Angelpunkt des Christentums. Die ersten Osterzeugen mussten gleichsam gegen ihre Urinstinkte zum Osterglauben bekehrt werden. Das Normale ist die Überzeugung: Mit dem Tode ist alles aus, und tapfer ist allein der, der mit dieser Erkenntnis dennoch ein anständiges Leben führt.

Ja, der Osterglaube ist und bleibt unglaublich, im eigentlichen Sinne des Wortes. Die Kunde von der Auferstehung des Gekreuzigten ist eine unglaubliche Botschaft, die das Normale und das durch menschliche Erfahrung Abgesicherte überschrei-

tet. Sie ist – im Vergleich gesprochen – »Goethe« und »Mozart« in Potenz!

Die Grundherausforderung des Osterglaubens ist die Bereitschaft, die Wirklichkeit größer sein zu lassen als jene, die wir messen, erklären und verstehen können. Ich gebe zu: Der Drang des Menschen, alle Dinge dieser Welt rational zu durchdringen und auf weltimmanente Ursachen hin zu befragen, ist nicht abstellbar. Der Geist des kritischen Fragens und Forschens ist ja auch vom Schöpfer tief in uns eingesenkt. Das gehört zu unserer Natur: nicht leichtgläubig zu sein und den Dingen auf den Grund zu gehen.

Aber kennt dieser Drang nicht auch in anderen Bereichen unseres Lebens Grenzen? Die Liebe zwischen Mann und Frau etwa kann durchaus von gewissenhaften Forschern auf ein paar chemische Reaktionen unseres Körpers reduziert werden. Und neuerdings ist es in Mode gekommen, unser Tun und Lassen nur (und ich betone: nur!) auf neuronale Prozesse in unserem Gehirn zurückzuführen. Hätte das nicht zwangsnotwendig zur Folge, dass man Liebe oder eben auch Willensfreiheit als eigenständige, urmenschliche Vollzüge leugnen müsste? Solche Stimmen gibt es heute in der Tat,

Stimmen, die zu allem, was unser Begreifen übersteigt, nur sagen: Das ist nichts anderes als … Und dann kommt, je nach Blickwinkel und Meinungsmode, die oder jene monokausale Erklärung. Reduktionisten nenne ich solche Leute. Welterklärer mit wissenschaftlichen Scheuklappen, die verhindern, das Ganze der Wirklichkeit zu sehen.

Da halte ich es lieber mit dem Wort des englischen Dichters Thomas Gray († 1771): »Wo Nichtwissen Seligkeit, ist es Torheit, klug zu sein!«

Wir wissen nicht, wie Gott uns neu schaffen wird – aber dass diese Verwandlung unserer sterblichen Existenz in ein erfülltes, ganzheitliches Leben unsere größte Seligkeit sein wird, das ist für mich schon jetzt hinreichende Gewissheit. Und das ist ähnlich dort, wo eine Liebe, eine Zuneigung, eine tiefe freundschaftliche Sympathie existiert. Wenn da einer anfängt, eine solche Liebe und Zuneigung kalt und herzlos zu analysieren, da stirbt die Seligkeit, und wir sitzen mit all unserer Klugheit vor dem Scherbenhaufen unserer Beziehung zum anderen. Eine Krämerseele hält das Lesen von Gedichten für Zeitverschwendung, und manchen reicht eben die Biologie zur Welterklärung. Aber reicht das auch zum Leben? Die Botschaft von der Auferstehung Christi hat

durchaus Anhaltspunkte in der Geschichte, im Zeugnis konkreter Menschen, der Frauen, der Apostel, der ersten Blutzeugen des Glaubens. Aber diese Botschaft ist auch eingebettet in ein Zukunftsprogramm, auf das hin wir von Gott geschaffen sind. Die Auferstehung ist ein Schritt in der Evolution, die Gott mit uns vorhat, aber den wir nicht verstehen oder gar aus eigener Kraft leisten könnten. Die Auferstehung Christi ist der Anfang der Menschwerdung, auf die wir zugehen, weil wir eben von Gott nicht nur erschaffen, sondern – und das ist das eigentliche Wunder – von unserem Gott und Schöpfer geliebt sind.

Dieser österliche Glaube hat seine Auswirkungen. Maria von Magdala geht verwandelt vom Grab nach der Begegnung mit dem Auferstandenen weg. Und der Apostel Paulus, selbst ein Zeuge der Auferstehung Christi, fordert uns auf, kraft des Osterglaubens den Sauerteig des alten Adam in uns zu beseitigen und neuer Teig zu werden, ungesäuertes Brot (eine Anspielung auf das beim Passa-Mahl gebräuchliche ungesäuerte Mazzen-Brot). »Denn« – so seine Begründung – »als unser Paschalamm ist Christus geopfert« (vgl. 1 Kor 5, 6b-8).

Das ist die große Herausforderung auch für uns,

die wir heute Ostergottesdienst feiern. Wir sollen Ostern feiern nicht »mit dem Sauerteig der Bosheit und Schlechtigkeit«, sondern »mit den ungesäuerten Broten der Aufrichtigkeit und Wahrheit«, wie der Apostel sagt. Aufrichtigkeit und Wahrheit – mit diesen Worten wird eine Lebenshaltung beschrieben, die das Gegenteil von »Sich-Durchmogeln« ist, und einer Lebenseinstellung, die, wie wir sagen, die Realitäten nicht wahrhaben will. Der Osterglaube stellt sich der Realität des Lebens und der Welt – aber er bleibt nicht bei ihr stehen. »Sich der Wirklichkeit stellen«, das bedeutet zum Beispiel zu wissen, dass das Böse ansteckend ist, schlimmer noch als die Vogelgrippe. Sauerteig der Wahrheit: Das heißt zu wissen, dass Frieden ohne Gerechtigkeit eine Illusion ist. Das heißt zu wissen, dass eine Gesellschaft nur menschlich bleiben kann, wenn es in ihr Solidarität gibt und wir, europa- und weltweit, nur Zukunft haben, wenn jeder bereit ist, auch unter Opfern und Abstrichen am eigenen Wohlstand für die Zukunft der anderen Mitverantwortung zu übernehmen.

Und was angesichts dieser Beispiele »Sich-Durchmogeln« heißt, braucht nicht lange erklärt werden. Das heißt etwa, so zu tun, als hätte die Gewöhnung

an Gewaltdarstellung und Pornographie in den Herzen junger Menschen keine Auswirkungen. Das heißt etwa zu meinen, Arbeitslosigkeit sei nur das Problem der anderen. Das heißt, die Augen zu verschließen vor dem Hunger und Elend in der Welt oder zu meinen, mein und unser gegenwärtiges Verhalten hätte keine Auswirkungen auf das Leben derer, die nach uns kommen. Es sind gerade immer wieder gläubige, vom Osterglauben geprägte Menschen, die sehr realistisch auf die Welt schauen und sich den Problemen der Zeit stellen. Sie tun es, weil in ihnen ein unbändiger Optimismus steckt, weil sie von der Gewissheit geprägt sind, der oft so unbefriedigende Zustand dieser Welt, ob individuell oder global, ist nichts Endgültiges.

Die Osterhoffnung wagt sich immer neu an die Renovierung des eigenen und gemeinsamen Lebenshauses. Denn sie weiß: Die Fundamente dieses Hauses sind unzerstörbar. Sie sind von Gott gelegt. So oder ähnlich könnte man beschreiben, was Paulus mit Aufrichtigkeit und Wahrheit meint. Es ist eine von Ostern her gespeiste Lebenstapferkeit, die nicht aufsteckt, wenn etwas nicht sofort und immer nach den eigenen Wünschen läuft. Es ist Widerständigkeit gegenüber einer allgemei-

nen Griesgrämigkeit, Kleinkariertheit und Schuld-zuweisungsmentalität, wie sie sich etwa in vielen Leserzuschriften unserer Zeitungen dokumentiert. Aber auch innerhalb unserer Kirche sind wir nicht frei davon.

An Ostern glauben gibt Kraft und Mut, aus Ostern zu leben. Und dazu sind wohl mehr als nur die Schläfenlappen unseres Gehirns notwendig. Dazu braucht es die Kraft eines gläubigen Herzens, das erfüllt ist mit der Freude über die Tat Gottes an Jesus Christus, unserem Bruder und Herrn.

Am Ende der alten Ostersequenz heißt es:

»Lasst uns glauben,
was Maria den Jüngern verkündet.
Sie sah den Herrn, den Auferstandenen.
Ja, der Herr ist auferstanden,
ist wahrhaft erstanden.
Du Sieger, König, Herr, hab' Erbarmen.
Amen. Alleluja.«

Joachim Wanke

II. KAPITEL
ERKENNEN WIR DEN HERRN

*B*rannte nicht das Herz in der Brust, als er unterwegs mit uns redete und uns den Sinn der Schrift erschloss?

Lk 24,32*b*

*A*m gleichen Tag waren zwei von den Jüngern auf dem Weg in ein Dorf namens Emmaus, das sechzig Stadien von Jerusalem entfernt ist. Sie sprachen miteinander über all das, was sich ereignet hatte. Während sie redeten und ihre Gedanken austauschten, kam Jesus hinzu und ging mit ihnen. Doch sie waren wie mit Blindheit geschlagen, sodass sie ihn nicht erkannten. Er fragte sie: Was sind das für Dinge, über die ihr auf eurem Weg miteinander redet?

Da blieben sie traurig stehen, und der eine von ihnen – er hieß Kleopas – antwortete ihm: Bist du so fremd in Jerusalem, dass du als einziger nicht weißt, was in diesen Tagen dort geschehen ist? Er fragte sie: Was denn?

Sie antworteten ihm: Das mit Jesus aus Nazaret. Er war ein Prophet, mächtig in Wort und Tat vor Gott und dem ganzen Volk. Doch unsere Hohenpriester und Führer haben ihn zum Tod verurteilen und ans Kreuz schlagen lassen. Wir aber hatten gehofft, dass er der sei, der Israel erlösen werde. Und dazu ist heute schon der dritte Tag, seitdem das alles geschehen ist.

Aber nicht nur das: Auch einige Frauen aus unserem Kreis haben uns in große Aufregung versetzt.

Sie waren in der Frühe beim Grab, fanden aber seinen Leichnam nicht. Als sie zurückkamen, erzählten sie, es seien ihnen Engel erschienen und hätten gesagt, er lebe. Einige von uns gingen dann zum Grab und fanden alles so, wie die Frauen gesagt hatten; ihn selbst aber sahen sie nicht. Da sagte er zu ihnen: Begreift ihr denn nicht? Wie schwer fällt es euch, alles zu glauben, was die Propheten gesagt haben. Musste nicht der Messias all das erleiden, um so in seine Herrlichkeit zu gelangen? Und er legte ihnen dar, ausgehend von Mose und allen Propheten, was in der gesamten Schrift über ihn geschrieben steht.

So erreichten sie das Dorf, zu dem sie unterwegs waren. Jesus tat, als wolle er weitergehen, aber sie drängten ihn und sagten: Bleib doch bei uns; denn es wird bald Abend, der Tag hat sich schon geneigt. Da ging er mit hinein, um bei ihnen zu bleiben. Und als er mit ihnen bei Tisch war, nahm er das Brot, sprach den Lobpreis, brach das Brot und gab es ihnen. Da gingen ihnen die Augen auf und sie erkannten ihn; dann sahen sie ihn nicht mehr. Und sie sagten zueinander: Brannte uns nicht das Herz in der Brust, als er unterwegs mit uns redete und uns den Sinn der Schrift erschloss?

Noch in derselben Stunde brachen sie auf und kehrten nach Jerusalem zurück, und sie fanden die Elf und die anderen Jünger versammelt. Diese sagten: Der Herr ist wirklich auferstanden und ist dem Simon erschienen. Da erzählten auch sie, was sie unterwegs erlebt und wie sie ihn erkannt hatten, als er das Brot brach.

Lukas 24,13-35

DIE EMMAUS-JÜNGER:
UNSERE WEGGEFÄHRTEN HEUTE

Das Ärgernis des sterbenden Messias

Fast jeder erinnert sich an das Evangelium des Ostermontags: die Geschichte von der Wanderung der beiden Jünger nach Emmaus. Hat man sie von Kind auf immer wieder gehört, so ist sie jedes Jahr rasch wieder gegenwärtig. Sie gehört zu den schönsten und eindrucksvollsten Erzählungen des Neuen Testaments. Lukas, der Maler, wie ihn die kirchliche Überlieferung nennt, nimmt alle verfügbaren erzählerischen Gestaltungselemente in Anspruch: lebendige Szene, dramatische Wechselrede, verhaltene Spannung. Die erzählerisch schönste aller Ostergeschichten hat auch die bildende Kunst von den Mosaiken in Ravenna zu Beginn des 6. Jahrhunderts über die deutsche Buchmalerei um die Jahrtausendwende bis zu Schmidt-Rottluff in unserem Jahrhundert zu großen schöpferischen Werken inspiriert. Ähnliches gilt für die Musik (vgl. nur »Bleib bei uns, denn es will Abend werden«, Kantate BWV 6 von J. S. Bach). Dies alles könnte dazu verführen, in der

Emmaus-Erzählung nur eine »schöne Legende« zu sehen, in ihr aber die vielen Elemente von Bekenntnis und Verkündigung, Gottesdienst und Theologie zu verkennen. Denn im Grunde handelt diese Geschichte von der Frage, warum und wie man auch heute an den Auferstandenen glauben kann.

Mitten in das gemeinsame Reden tritt nun ein ungekannter Weggefährte. Er wird von den beiden Jüngern nicht erkannt. Dieses Nicht-Erkennen gibt der Geschichte die innere Spannung, die erst auf dem Höhepunkt (V. 31) gelöst wird. Es ist Jesus. Er erscheint nicht wie in den übrigen Ostergeschichten. Er tritt unscheinbar hinzu und wandert mit. Sein Kommen ist fast alltäglich. Die Jünger sind unfähig, den Auferstandenen zu erkennen. Ihre Augen sind, wie die Schrift sagt, »gehalten«. Man spürt geradezu die enttäuschte Hoffnung und die ausweglose Resignation. Die Jünger sind nicht nur enttäuscht, weil die Gegenspieler das Werk Jesu zum Scheitern gebracht haben. Die Hoffnungslosigkeit wurzelt tiefer: Er war, wie sich nun gezeigt hat, nicht der große Befreier. Sein Tod bewies, dass man sich in der Person irrte. Messias kann nicht einer sein, der leidet oder gar stirbt. Hier

steigert sich der Kontrast fast bis in das Groteske: Der traurige Vorwurf, vereint mit Enttäuschung über die eigene Hoffnung, wird an den mitwandernden Auferstandenen gerichtet.

Hinter dieser gedrängten Wiedererzählung der Ereignisse um Passion und Auferstehung steht für Lukas jedoch eine tiefe Einsicht, die der ganzen Emmaus-Erzählung schließlich ihre Pointe geben wird. Die Jünger sind unfähig, den Auferstandenen zu erkennen, obgleich sie um alle Informationen und Nachrichten wissen. Nicht das Faktum des leeren Grabes, nicht einmal die deutenden Engelworte und auch nicht die Bestätigung durch Petrus (vgl. V.11) führen unmittelbar zum Glauben. Lukas weiß, dass die Hoffnung auf Befreiung, der Glaube an den Messias, die Kunde vom leeren Grab und die Erscheinungen unaufhebbar zum Osterereignis gehören, aber sie schaffen noch kein »Erkennen«, keinen Glauben. Auch wenn man sehr genau um dies alles weiß, so kann doch das innere Verstehen ausbleiben. »Die Botschaft hör ich wohl, allein mir fehlt der Glaube«, sagte Goethe im »Faust«.

Gläubiges Schriftverständnis und eucharistisches Mahl
Auf dem Höhepunkt der Verwirrung nimmt die
Geschichte eine plötzliche Wende. Das Unver-
ständnis der Jünger wird am entscheidenden
Punkt korrigiert, dass nämlich die Tatsache des
Sterbens sie an seiner bleibenden Bedeutung
zweifeln ließ. Das Ärgernis wird in der ganzen
Zuspitzung festgehalten: Der in Leid und Tod
erniedrigte Mensch Jesus ist der zur Herrlichkeit
bestimmte Herr. Der Auferstandene hellt diesen
Tod des Messias von der ganzen Schrift her in seiner Unbegreiflichkeit auf. Gott hat in Jesus die
Verheißungen des Alten Bundes wahr gemacht.
Erst jetzt wird der Wille Gottes in seinen Absich-
ten offenbar. Was die Menschen »töricht« finden
und auch die Jünger in ihrem Kleinglauben nicht
verstehen, hat im ewigen Ratschluss Gottes seinen verborgenen Sinn: »Musste nicht der Messias
das alles leiden …?«
Der Hinweis auf das Schriftzeugnis soll die Jünger
näher an das Geheimnis von Tod und Auferstehung Jesu Christi heranführen. Aber offensichtlich
vermag auch das Wort der Schrift für sich allein
noch nicht die Augen zu öffnen. Was gehört zum
wirklichen Verständnis der Schrift? Je näher die

Jünger dem »Erkennen« kommen, um so mehr verlangen sie auch nach Gemeinschaft mit dem Auferstandenen. Sie drängen Jesus und sagen: »Bleibe bei uns, denn es wird Abend, und der Tag hat sich schon geneigt« (V. 29). Die beiden Wanderer laden Jesus ein. Insgeheim wird diese Einladung jedoch zu einer dringlichen Bitte, ja zu einem Gebet: Jesus soll bleiben. Darum bleibt Jesus bei Ihnen. Bisher sind sie nebeneinander gegangen. Fast hätten sich ihre Wege getrennt. Jesus gibt der Wiederaufnahme der Gemeinschaft mit den Jüngern Ausdruck im Mahl. Das gemeinsame Mahl will als Eucharistie verstanden werden. Das Geben Jesu ist offensichtlich die alles beherrschende Mitte. Der Herr gibt sich im Mahl. Die irdische Gemeinschaft, die Tischgemeinschaft Jesu und das vorösterliche Abendmahlsgeschehen kommen in Erinnerung. Die Mahlgemeinschaft offenbart nun bei allem Unterschied in der Gegenwartsweise, dass er derselbe ist. Aber es ist nicht die Präsenz des irdischen Jesus. Seine Gegenwart kann nicht festgehalten werden. Nicht zuletzt darum entschwindet der Auferstandene (V. 31).

So zeigt sich, dass die Emmaus-Erzählung beim gläubigen Erkennen Jesu seitens der beiden Jün-

ger zwei Gipfelpunkte hat: gläubiges Schriftverständnis und eucharistisches Mahl. Erst die Annahme des Schriftzeugnisses und das eucharistische Sichmitteilen des Herrn ermöglichen das »Erkennen« des Auferstandenen. Das Mahl verleiht dabei in besonderer Weise die Erfahrung der Gegenwart des Herrn. Das Schriftverständnis und die eucharistische Gemeinschaft erzeugen also nicht nur die Erkenntnis, dass dieser unbekannte Fremde der verloren geglaubte und gesuchte Jesus der Christus ist, sondern sie vermitteln auch eine neue Weise der Anwesenheit Jesu: die ganz andere Gegenwart des erhöhten Herrn inmitten der Seinen.

Emmaus als »kirchliche« Ostererfahrung
Damit enthüllt sich eine erste Zielrichtung der Erzählung. Sie antwortet nämlich auf die verborgene Frage, wie denn der Jünger, der nicht zu den Urzeugen der Ostererscheinungen gehört, zum Glauben an den Auferstandenen gelangen kann. Und dies ist auch eine offene oder geheime Frage jedes Christen, ob er denn Zugang gewinnen könne zum Osterereignis, obgleich er nicht »dabei gewesen« ist und auf das Zeugnis der Apostel

angewiesen bleibt. Die Emmaus-Erzählung gibt zur Antwort, dass das gläubige Verstehen der Schrift und das eucharistische Mahl den entscheidenden Zugang zum Glauben an den Auferstandenen in der nachösterlichen Zeit darstellen. Alles sonstige »Wissen« um das leere Grab und um die Engelerscheinungen ist nicht unnütz, führt aber auch von sich aus nicht weiter. Im Wort und Sakrament kommt die Begegnung mit dem Auferstandenen für die »Jünger zweiter Hand«, wie Sören Kierkegaard sagt, in der Zeit nach Ostern zustande. Die »Jünger zweiter Hand« entbehren dabei nicht der Unmittelbarkeit der Begegnung: Er selbst erschließt sich im Wort der Schriften und beim Brotbrechen.

Die Emmaus-Erzählung ist damit jedoch noch nicht zu Ende. Die beiden Jünger brechen sofort auf, kehren nach Jerusalem zurück und treffen die Elf und die übrigen Jünger versammelt beieinander. Lukas verbindet bewusst die Ostererfahrung der »Jünger zweiter Hand« mit dem Zeugnis der Erstapostel. Der Osterglaube der Emmaus-Jünger wird vom apostolischen Osterbekenntnis bestätigt. Es wird darum authentisch auch für spätere Generationen. Authentisch, das heißt echt und

glaubwürdig, ist der Auferstandene nur im Raum der kirchlichen Gemeinschaft erfahrbar. Dabei geht es um ein Zweifaches, das freilich eng zusammengehört: Auch den Menschen, denen nicht ein unmittelbares Erstzeugnis des erscheinenden Herrn zuteil wurde, ist in einer anderen Situation ein unverstellter Zugang zum Auferstandenen möglich. Die personale Begegnung mit dem auferstandenen Herrn geschieht entscheidend im Wort der Schrift und im Sakrament der Eucharistie. Der erhöhte Herr gibt sich gegenwärtig in der zum Hören des Wortes und zum eucharistischen Mahl versammelten Gemeinde. Und dies bedeutet zugleich eine Deutung dessen, was die Gemeinde beim Nachvollzug des Handelns Jesu in der Eucharistie feiert: Über der Eucharistie liegt österliches Licht. Über die Zeit der Augenzeugen und der »von Anfang an« Dabeigewesenen hinaus bleibt die Ostererfahrung der Kirche im gläubigen Verstehen der Schrift und in der Eucharistie geschenkt. So bleibt Jesus.

Karl Kardinal Lehmann

WEG NACH EMMAUS

*W*ir wussten's nicht, es war der Ostertag.
Wir waren unterwegs bei schrägem Sonnenlicht,
da uns der Tempelberg schon längst im Rücken lag
und noch von Emmaus kein Dach in Sicht.
Sah'n das Land an uns vorübergleiten,
während wir hindurchgewandert sind:
Menschen, viele Orte, Jahreszeiten,
Vogelflug in unerreichten Weiten,
hin und wieder schon der Abendwind.
Neben unsern Schritten seine Schritte,
da er sich plötzlich zu uns gesellt.
Im finstern Tag ging er in unsrer Mitte.
In unserm Zwiegespräch war er der Dritte.
Und er erklärte durch sein Wort die Welt.
Er zog mit uns in wechselnden Gestalten,
uns sehr vertraut, uns völlig unbekannt.
Zuweilen konnten wir sein Bild behalten.
Im Neugewordnen sahen wir den Alten,
und seltsam hat in uns das Herz gebrannt.
Nun, da der Tag sich neigt und wir die Tür aufklinken,
brennt schon die Lampe, ist der Tisch gedeckt,
und Brot zu essen, Wein ist da zu trinken.

Es ist wie Aufgang mitten im Versinken,
und nun am Abend werden wir geweckt.
Der dort am Tische sitzt und uns das Brot gebrochen
und der mit uns im Wechselwort gesprochen,
der Herr, mit dem wir redeten und handelten,
der dort am Tische sitzt und uns den Kelch gesegnet
und der so vielgestaltig uns begegnet,
er blieb sich immer gleich,
doch wir sind die Verwandelten.
Noch am Abend brechen wir auf.

Klaus-Peter Hertzsch

AM ERSTEN SONNTAG NACH OSTERN

Jesus geht durch verschlossene Türen und spricht:
»Der Friede sei mit euch!«
Joh 20,19-31

*U*nd hast du deinen Frieden denn gegeben
An alle, die sich sehnen um dein Heil,
So will ich meine Stimme auch erheben:
Hier bin ich, Vater, gib auch mir mein Teil!
Warum sollt ich, ein ausgeschlossnes Kind,
Allein verschmachtend um mein Erbe weinen?
Warum nicht sollte deine Sonne scheinen,
Wo doch im Boden gute Keime sind?

Oft mein ich zwar, zum Beten sei genommen
Mir alles Recht, da es so trüb und lau,
Mir könne nur geduldig Harren frommen,
Und starrer Aufblick zu des Himmels Blau:
Doch Herr! der du dem Zöllner dich gesellt,
O lass nicht zu, dass ich in Nacht verschwimme,
Dem irren Lamme ruft ja deine Stimme,
Und um den Sünder kamst du in die Welt.

Wohl weiß ich, wie es steht in meiner Seelen,
Wie glaubensarm, wie trotzig und verwirrt;
Ach, dass sich, dass sich manches mochte hehlen –
Ich fühle, wie es durch die Nerven schwirrt,
Und kraftlos folg ich seiner trüben Spur.
Mein Helfer, was ich nimmer mag ergründen,
Du kennst es wohl, du weißt es wohl zu finden,
Du bist der Arzt, ich bin der Kranke nur.

Und hast du tief geschaut in meine Sünden,
Wie nicht ein Menschenauge schauen kann;
Hast du gesehn, wie in den tiefsten Gründen
Noch schlummert mancher wüste, dunkle Wahn:
Doch weiß ich auch, dass keine Trän entschleicht,
Die deine treue Hand nicht hat gewogen,
Und dass kein Seufzer dieser Brust entflogen,
Der dein barmherzig Ohr nicht hat erreicht.

Du, der verschlossne Türen kann durchdringen,
Sieh, meine Brust ist ein verschlossnes Tor.
Zu matt bin ich, die Riegel zu bezwingen,
Doch siehst du, wie ich angstvoll steh davor:
Brich ein! Brich ein! O komm mit deiner Macht!
Lass brausen deines Sturmes Gnadenwogen!
O lass mich schauen deinen Friedensbogen,

Lass fallen deinen Strahl in meine Nacht!
Nicht weich ich, eh ich einen Schein gesehen,
Und wär er schwach wie Wurmes Flimmer auch;
Und nicht von dieser Schwelle will ich gehen,
Bis ich vernommen deiner Stimme Hauch.
So sprich, mein Vater, sprich denn auch zu mir
Mit jener Stimme, die Maria nannte,
Als sie verkennend, weinend ab sich wandte,
O sprich: »Mein Kind, der Friede sei mit dir!«

Annette von Droste-Hülshoff

JESUS TRAT IN IHRE MITTE

Am Abend des ersten Tages der Woche, als die Jünger aus Furcht vor den Juden die Türen verschlossen hatten, kam Jesus, trat in ihre Mitte und sagte zu ihnen: Friede sei mit euch! Nach diesen Worten zeigte er ihnen seine Hände und seine Seite. Da freuten sich die Jünger, dass sie den Herrn sahen. Jesus sagte noch einmal zu ihnen: Friede sei mit euch! Wie mich der Vater gesandt hat, so sende ich euch. Nachdem er das gesagt hatte, hauchte er sie an und sprach zu ihnen: Empfangt den Heiligen Geist! Wem ihr die Sünden vergebt, dem sind sie vergeben; wem ihr die Vergebung verweigert, dem ist sie verweigert. Thomas, genannt Didymus – Zwilling –, einer der Zwölf, war nicht bei ihnen, als Jesus kam. Die anderen Jünger sagten zu ihm: Wir haben den Herrn gesehen. Er entgegnete ihnen: Wenn ich nicht die Male der Nägel an seinen Händen sehe und wenn ich meine Finger nicht in die Male der Nägel und meine Hand nicht in seine Seite lege, glaube ich nicht. Acht Tage darauf waren seine Jünger wieder versammelt, und Thomas war dabei. Die Türen

waren verschlossen. Da kam Jesus, trat in die Mitte und sagte: Friede sei mit euch! Dann sagte er zu Thomas: Streck deinen Finger aus – hier sind meine Hände! Streck deine Hand aus und leg sie in meine Seite, und sei nicht ungläubig, sondern gläubig! Thomas antwortete ihm: Mein Herr und mein Gott! Jesus sagte zu ihm: Weil du mich gesehen hast, glaubst du. Selig sind, die nicht sehen und doch glauben. Noch viele andere Zeichen, die in diesem Buch nicht aufgeschrieben sind, hat Jesus vor den Augen seiner Jünger getan. Diese aber sind aufgeschrieben, damit ihr glaubt, dass Jesus der Messias ist, der Sohn Gottes, und damit ihr durch den Glauben das Leben habt in seinem Namen.

Johannes 20,19-31

WORAUF GRÜNDET DER OSTERGLAUBE?

*J*m Evangelium vom Ostersonntag war die Entdeckung des leeren Grabes so etwas wie eine Initialzündung. Im heutigen Evangelium sind es die Erscheinungen des Auferstandenen, die den entscheidenden Anstoß für den Auferweckungsglauben geben.

Die Jünger hatten mit so etwas in keiner Weise gerechnet. Im Gegenteil: Sie ängstigten sich, fürchteten, dass die Juden sie mit dem vermeintlichen Aufrührer Jesus in Verbindung bringen könnten, und hielten die Türen verschlossen. Und genau da, in einer Situation der absoluten Hoffnungslosigkeit, zeigt sich ihnen der Auferstandene.

Wie das genau geschehen ist – vor allem in welcher Gestalt Jesus zu ihnen kommt, der einerseits durch verschlossene Türen geht, der sich andererseits aber berühren lässt – wird nicht weiter beschrieben. Es geht dem Evangelisten auch gar nicht um eine Schilderung seiner Leiblichkeit, sondern vielmehr um die Betonung: Der Auferstandene ist tatsächlich kein anderer als der Gekreuzigte.

Es ist bezeichnend, dass die Jünger Jesus zunächst gar nicht und dann an seinen Wundmalen erkennen. Und gleichermaßen deutlich, wenn Thomas genau diesen »Identitätsbeweis« verlangt: Er will seine Finger in die Wunden Jesu legen – nur dann ist er bereit zu glauben. Jesus gibt seinen Drängen nach, weil es nur allzu menschlich ist, durch Greifen zu »begreifen«. So kommt auch der »ungläubige Thomas« zum Glauben. Zugleich betont der Evangelist, dass es noch eine andere Dimension von Glauben gibt: ein Glaube, der auf äußere Zeichen und handfeste Beweise und damit auf das »Sehen« verzichtet.

Viel wichtiger als die Beschreibungen der Erscheinungen – die sich letztlich gar nicht beschreiben lassen, weil sie alles Bekannte sprengen und die Sprache hier an ihre Grenzen kommt – ist für den Text ihre Wirkung: Die Furcht der Jünger wandelt sich in Freude. Sie kommen zum Glauben. Mehrfach wird ihnen der »Friede« zugesagt, jener alles umfassende Friede, der im Hebräischen »schalom« heißt. Sie empfangen den Heiligen Geist, ähnlich wie im Schöpfungsgeschehen, wo Gott dem Menschen den Lebensatem einhaucht (Genesis 2,7), und sie werden dadurch gleichsam neu geschaffen.

Die Jünger werden aber nicht nur gestärkt und ermutigt; sie erhalten zugleich einen Auftrag, eine Sendung: So wie sich Jesus selbst gesendet wusste, so sendet er sie aus, die Botschaft des Evangeliums und ihn als Auferstandenen weiter zu bezeugen. Und so wie er den Menschen die Sünden vergeben hat, spricht er ihnen die Vollmacht der Sündenvergebung zu.

Damit wird hier ganz am Anfang verankert, was Kirche ausmacht: Glaube, Friede, Freude, Heiliger Geist, Sendung, Sündenvergebung. Damit kann Kirche beginnen – als Gemeinschaft derer, die an Jesus als den Gekreuzigten und Auferstandenen, als Messias und Sohn Gottes glauben und nach ihm ihr Leben ausrichten, bis heute.

Sabine Pemsel-Maier

III. KAPITEL
SCHAUEN WIR ZUM HERRN

*S*eid gewiss: Ich bin bei euch alle Tage bis zum Ende der Welt.

Mt 28,20*b*

Er sagte zu ihnen: So steht es in der Schrift: Der Messias wird leiden und am dritten Tag von den Toten auferstehen, und in seinem Namen wird man allen Völkern, angefangen in Jerusalem, verkünden, sie sollen umkehren, damit ihre Sünden vergeben werden. Ihr seid Zeugen dafür. Und ich werde die Gabe, die mein Vater verheißen hat, zu euch herabsenden. Bleibt in der Stadt, bis ihr mit der Kraft aus der Höhe erfüllt werdet. Dann führte er sie hinaus in die Nähe von Betanien. Dort erhob er seine Hände und segnete sie. Und während er sie segnete, verließ er sie und wurde zum Himmel emporgehoben; sie aber fielen vor ihm nieder. Dann kehrten sie in großer Freude nach Jerusalem zurück. Und sie waren immer im Tempel und priesen Gott.

Lukas 24,46-53

HYMNUS

Du höchster Herr der Ewigkeit,
du Retter der verlornen Welt,
durch den der Tod vernichtet ist,
das Leben siegreich triumphiert.

Zum Thron des Vaters seigst du auf
und nimmst zu seiner Rechten Platz;
der dich erhöht in Herrlichkeit,
er setzt dich ein in seine Macht.

In Ehrfurcht beugen sich vor dir
der Himmel und das Erdenrund,
und selbst die Unterwelt bekennt:
Du bist der Herr der ganzen Welt.

Die Engel nehmen staunend wahr,
wie sich des Menschen Los gewandt:
Was Menschen fehlten, sühnt ein Mensch
und herrscht auf ewig: Mensch und Gott.

Dir, Herr, sei Ruhm und Herrlichkeit,
dem Sieger, der zur Höhe fährt,
dem Vater und dem Geist zugleich
durch alle Zeit und Ewigkeit. Amen.

Nach: Aeterne rex, altissime; 5. Jahrhundert (?)
Melodie: GL 229, KG 455

GOTTES FRÖHLICHE STADT

»Himmlisch!« – wenn unsere Sprache vor Begeisterung Luftsprünge macht, muss oft der Himmel dafür herhalten. Und zum Paradies ist es dann auch nicht mehr weit. Dass Himmel auch Trost, Gerechtigkeit und Frieden heißt, erzählt unser Autor auf seiner Reise in ein unbekanntes Land.

Der Himmel ist ein Ort und ein Versprechen. Er ist ein Ort: Als Himmel wird in antikem Weltbild der über der Erde liegende Raum bezeichnet, also eine Art stoffliche Halbkugel, die sich über die Erde wölbt. Die Erde ist als Scheibe gedacht, unter ihr die Unterwelt, über ihr das Gewölbe des Himmels. Natürlich teilt auch die Bibel dieses alte Weltbild, das nicht mehr unseres ist. Im Sinn dieses Drei-Stockwerk-Bildes fährt Christus bei seiner Himmelfahrt nach oben. Dieses Weltbild, das man damals für naturwissenschaftlich korrekt gehalten hat, interessiert uns nicht mehr.

Der Himmel ist ein Versprechen. Es ist die Sphäre Gottes, nicht identisch mit der Welt und nicht getrennt von ihr.

»Unser Vater im Himmel« heißt es im Hauptgebet der Christen. Gott hat den Himmel aufgerissen. Seine Engel steigen von dort herab. Christus selbst ist das »Brot, das vom Himmel gekommen ist« (Johannes 6,41). Die Todesverfallenheit der Welt ist aufgehoben in der Verbindung von Himmel und Erde, die Christen an Weihnachten feiern. Paul Gerhardt singt in seinem Weihnachtslied: »Als mir das Reich genommen, da Fried und Freude lacht, da bist du, mein Heil, kommen und hast mich froh gemacht.«

Himmel grüßt Erde

Der Himmel ist nicht nur die Sache Gottes, das Verhalten der Menschen wird in diesem Bild beschrieben, so in den Himmelreichsgleichnissen, besonders bei Matthäus: Das Himmelreich gleicht einem Menschen, der guten Samen auf seinen Acker streut und auf die Ernte wartet. Oder: Das Himmelreich gleicht einem Senfkorn, das ein Mensch ausstreut und wartet, bis ein großer Baum daraus wird und die Vögel des Himmels darin nisten. Das Himmelreich oder das Reich Gottes gleicht einem Schatz im Acker, den einer findet und für den er alles verkauft. Oder: Das

Himmelreich ist das Netz, das gute und schlechte Fische fängt, und später werden die Engel ausgehen beim Gericht und die Guten und die Bösen trennen. Das Subjekt dieses Himmelreiches ist nicht mehr eindeutig. Einmal ist es Gott, wie im letzten Beispiel mit den Fischen, die im Gericht getrennt werden in Gut und Böse; dann aber auch der Mensch, wie der Mann, der den Schatz im Acker findet und dafür alles verkauft. Der Himmel ist nicht mehr ein Ort, es ist die andere Zeit, die Zukunft, die kommen soll. Es ist ein Zustand, der sein soll, der sowohl von Gott als auch von Menschen herbeigeführt werden soll. Nicht nur ein Zukünftiges ist jener Himmel und das Reich Gottes, es ist in euch selber, heißt es bei Lukas in einem mystischen Bild.

Himmel wird zur regulativen Idee für die Erde selbst. In einem Lied von Kurt Marti heißt es: »Der Himmel, der ist, ist nicht der Himmel, der kommt, wenn einst Himmel und Erde vergehen. Der Himmel, der kommt, das ist die fröhliche Stadt und der Gott mit dem Antlitz des Menschen. Der Himmel, der kommt, grüßt schon die Erde, die ist, wenn die Liebe das Leben verändert.«

Mitarbeiter des Himmels

Der Himmel, der kommt, wird zum Bauplan der Welt, die ist. Er ist nichts völlig Anderes, er ist die Musik, die hier schon angestimmt werden soll. Es soll im Himmel wie auf Erden sein und auf Erden wie im Himmel. Gottes Wille soll geschehen im Himmel wie auf Erden, wie die Bitte des Vaterunsers sagt. Himmel heißt, eine Arbeit auf der Erde zu haben. Die große Würde des Menschen: Er ist nicht nur nacktes Spatzenjunges, das den religiösen Schnabel aufsperrt und auf die tägliche Gnadenfütterung Gottes wartet. Der Mensch ist Mitarbeiter und Koautor des Himmels. Der Mensch ist Autor des Trostes, der Gerechtigkeit, des Friedens dieser Welt.

Der Himmel ist aber auch ein Versprechen, das größer ist als alle Kraft der Menschen. Es ist der Ort der letzten Bergung der menschlichen Schicksale; ein Ort, an dem auch die Toten geborgen sind. Im letzten Buch der Bibel (Offenbarung 21) sind »ein neuer Himmel und eine neue Erde« versprochen. Es ist die heilige Stadt Gottes, die vom Himmel herabkommt. Es ist Gottes Zelt bei den Menschen. In diesem Himmel ist versprochen: »Der Tod wird nicht mehr sein, noch Leid, noch

Geschrei, noch Schmerz.« Wer die Toten nicht verloren geben und die Opfer nicht verraten will, hört
nicht auf, auf jenen Himmel zu hoffen.

Fulbert Sgteffensky

ZU HIMMELFAHRT

*H*err
Ich will dich heute preisen
Und dir Dank sagen
Halleluja

Du schenkst mir wieder festen Boden
Unter meinen zerbrechlichen Füßen
Auch wenn ich zu zweit oder mit vielen gehe
Bist du an meiner Seite

Manchmal atme ich schwer
Und stolpere den Weg entlang und befürchte:
Du hast die Erde verlassen

Doch ich bin töricht
Denn dein ist die welt
Dein sind Himmel und Erde
Da ist kein Zwischenraum kein Unterschied
Keine Grenze

Und wenn wir gehen
Gehen wir zum Himmel
Und wenn wir kommen
Kommen wir zur Erde
Und wenn wir auf der Erde straucheln
Hebst du uns auf in den Himmel
Denn Himmel und Erde sind Bruder
und Schwester.

Hanns Dieter Hüsch

CHRISTI HIMMELFAHRT

*C*hristi Himmelfahrt steht unter einem doppelten Zeichen. Sie ist der Abschied Jesu von seinen Jüngern, von der Welt, die er liebt.

Es war ein langer, schwerer Weg, den sie miteinander gegangen waren. Es hat ihnen viel gesagt, – aber nun ist die Stunde da, wo er sie allein lassen muss. Nun müssen sie gehen, ohne dass sie immer wieder auf ihn sehen. Ein letztes Stück Weges legen sie miteinander zurück – dann ist der letzte Augenblick gekommen.

Segnend legt er seine Hand auf sie, und dann ist er ihren Blicken entnommen. Sie sind allein. Der Vorhang ist gefallen. Er ist von der argen Welt zu seinem himmlischen Vater gegangen.

Herr, erbarme dich unser!

Dietrich Bonhoeffer

FÜR EIN FEST ZWISCHEN HIMMEL UND ERDE

*W*ir wissen, dass die Erde ein Planet im Sonnensystem ist innerhalb der Milchstraße des Alls. Wir wissen, dass Himmel die transzendente Wirklichkeit Gottes meint, bei dem und in dessen Liebe Christus und seine Heiligen sind. Wer sich nur Dinge sichtbar und erfahrbar in Raum und Zeit vorstellen kann, kann die Wirklichkeit etwa von Gedanken und Gefühlen nicht verstehen, der ist wie ein Blindgeborener, der keinen Begriff von der Welt der Farben haben kann. Wer genau auf die biblischen Texte hört, merkt, dass die Bibel sich dem, was wir Christi Himmelfahrt nennen, anders nähert. In der Apostelgeschichte heißt es von Jesus: »Er wurde vor ihren Augen emporgehoben ... eine Wolke entzog ihn ihren Blicken ... Während sie unverwandt ihm nach zum Himmel emporschauten, standen plötzlich zwei Engel ... bei ihm und sagten: Ihr Männer von Galiläa, was steht ihr da und schaut zum Himmel empor? Dieser Jesus, der von euch ging und in den Himmel aufgenommen wurde, wird ebenso

wiederkommen, wie ihr ihn habt zum Himmel hingehen sehen« (Apg 1,9-11).

Die passivischen Wendungen machen nach jüdischem Sprachgebrauch klar, dass Gott es ist, der hier handelt. Und die Wolke ist im Alten Testament ein Sprachmittel, die Verborgenheit Gottes anzudeuten. Der Text will uns sagen: Gott hat an Jesus wunderbar gehandelt. Jesus ist bei Gott, seinem Vater – für uns. Gott gibt ihm teil an seiner Macht und Herrlichkeit. Auch die anderen österlichen Texte zeigen an: der auferstandene Jesus ist der zu Gott erhöhte Herr, der Anteil hat an seiner Macht und Herrlichkeit.

Wenn Sie in das Oktogon des altehrwürdigen Domes zu Aachen schauen, sehen Sie in der Kuppel das Mosaik des zum Himmel aufgefahrenen Herrn, der gleichzeitig als der wiederkehrende Christus erscheint. Das ist das gültige Bild für die Botschaft: Jesus ist der zu Gott, dem Vater, erhöhte Herr. Er tritt für uns ein. Er wird wiederkehren in Herrlichkeit. Diese Botschaft hat Geschichte und Kultur Europas geformt. Karl der Große und seine Nachfolger, die im Aachener Dom zu deutschen Königen gekrönt wurden, schauten auf dieses Bild des auferstandenen und zu Gott erhöhten

Herrn. Vor ihm und vor seinem Evangelium verantworteten sie ihre Herrschaft, nicht vor dem Volk, nicht vor den Fürsten des Reiches, sondern vor Christus, als dessen Stellvertreter auf Erden Kaiser Karl der Große sich verstand.

Heute leben wir in einer anderen Zeit. Wir bauen an einem neuen Europa, das Frieden, Freiheit und Sicherheit auf dem Kontinent gewähren soll. Wir wissen, dass Demokratie im Kleinen und Großen nur funktioniert, wo wir unsere Freiheit haben; und wir haben sie nur, wo wir die Freiheit des anderen, des Mitmenschen, des anderen Staates achten. Freiheit, Frieden, Sicherheit und Gerechtigkeit können nur da gedeihen, wo Macht – die an sich gut ist – gut geteilt und in geregelten Abläufen gerecht angewandt wird.

Wir haben in der Europäischen Union viel erreicht: die Währungsunion mit dem einheitlichen Zahlungsmittel des Euro hat sich bewährt. Der Zwang zum Stabilitätspakt ist vorgegeben. Hinter dieses Ziel gibt es kein Zurück. Wir beklagen, dass die europäische Verfassung – hoffentlich nur vorläufig – gescheitert ist. Wir werden kein zukunftsfähiges Europa werden – das ist meine Überzeugung –, wenn wir nicht einen verbindlichen

Katalog der Menschenrechte erhalten und eine Wertebindung akzeptieren, die in unserer europäischen Kultur verwurzelt ist, wozu unsere jüdisch-christliche Tradition unaufgebbar gehört.

Wir brauchen eine gemeinsame Außen- und Sicherheitspolitik. Wir schlittern in eine unbeherrschbare Zukunft, wenn wir Europäer nicht mit einer Stimme sprechen und abgestimmt gemeinsam handeln. Nicht Abschottung gegen die übrige Welt kann Europa Zukunft schaffen, sondern integrale Entwicklung. Wir in Deutschland sind weit hinter unserer zugesagten Quote von 0,7 % Bruttosozialprodukt für die Entwicklungshilfe geblieben. Hier mahnen die Bischöflichen Werke in Aachen MISEREOR, Missio und Kindermissionswerk »Die Sternsinger« und leisten Pionierarbeit.

Wir müssen auch stärker die Kultur Europas in den Blick nehmen, die regionalen Besonderheiten und Sprachgruppen als kulturelle Bereicherung erfahren und muslimische und andere Traditionen zulassen, achten und integrieren.

Mir scheint, Friede und Freiheit, Sicherheit und Gerechtigkeit, Kultur und Religion sind uns europäischen Menschen zu wichtig, als dass wir sie allein Politikern, Wirtschaftsleuten und Militärs

überlassen dürften. Nur wo und insoweit die anderen Kulturbereiche mitsprechen und einbezogen werden, wird ein zukunftsfähiges Europa entstehen, das in den Werten der jüdisch-christlichen Tradition gründet und offen ist für islamische und andere Beiträge zur Kultur. Wir brauchen bei aller Unterschiedenheit der Völker, Religionen und Sprachen einen gemeinsamen Wertehimmel und eine Verantwortung, die vor dem transzendenten Gott, vor dem Evangelium Christi oder vor den Werten des Humanum verantwortet wird, damit Europa ein guter Partner in der Welt für Frieden und Freiheit, für Sicherheit und Gerechtigkeit wird.

Heinrich Mussinghoff

IV. KAPITEL
DER HEILIGE GEIST RUFT UNS

*D*enn alle, die sich vom Geist Gottes leiten lassen, sind Söhne Gottes.

Römerbrief 8,14

*A*ls der Pfingsttag gekommen war, befanden sich alle am gleichen Ort. Da kam plötzlich vom Himmel her ein Brausen, wie wenn ein heftiger Sturm daherfährt, und erfüllte das ganze Haus, in dem sie waren. Und es erschienen ihnen Zungen wie von Feuer, die sich verteilten; auf jeden von ihnen ließ sich eine nieder. Alle wurden mit dem Heiligen Geist erfüllt und begannen, in fremden Sprachen zu reden, wie es der Geist ihnen eingab. In Jerusalem aber wohnten Juden, fromme Männer aus allen Völkern unter dem Himmel. Als sich das Getöse erhob, strömte die Menge zusammen und war ganz bestürzt; denn jeder hörte sie in seiner Sprache reden. Sie gerieten außer sich vor Staunen und sagten: Sind das nicht alles Galiläer, die hier reden? Wieso kann sie jeder von uns in seiner Muttersprache hören: Parther, Meder und Elamiter, Bewohner von Mesopotamien, Judäa und Kappadozien, von Pontus und der Provinz Asien, von Phrygien und Pamphylien, von Ägypten und dem Gebiet Libyens nach Zyrene hin, auch die Römer, die sich hier aufhalten, Juden und Proselyten, Kreter und Araber …

Apostelgeschichte 2,1-11

KOMM HERAB, O HEIL'GER GEIST

Komm herab, o Heil'ger Geist,
der die finstre Nacht zerreißt,
strahle Licht in diese Welt.
Komm, der alle Armen liebt,
komm, der gute Gaben gibt,
komm, der jedes Herz erhellt.

Höchster Tröster in der Zeit,
Gast, der Herz und Sinn erfreut,
köstlich Labsal in der Not,
in der Unrast schenkst du Ruh,
hauchst in Hitze Kühlung zu,
spendest Trost in Leid und Tod.

Komm, o du glückselig Licht,
fülle Herz und Angesicht,
dring bis auf der Seele Grund.
Ohne dein lebendig Wehn
kann im Menschen nichts bestehn,
kann nichts heil sein noch gesund.

Was befleckt ist, wasche rein,
Dürrem gieße Leben ein,
heile du, wo Krankheit quält.
Wärme du, was kalt und hart,
löse, was in sich erstarrt,
lenke, was den Weg verfehlt.

Gib dem Volk, das dir vertraut,
das auf deine Hilfe baut,
deine Gaben zum Geleit.
Lass es in der Zeit bestehn,
deines Heils Vollendung sehn
und der Freuden Ewigkeit.

Pfingstsequenz

DEN GEIST EMPFANGEN

*A*ls sie nun beisammen waren, fragten sie ihn: Herr, stellst du in dieser Zeit das Reich für Israel wieder her? Er sagte zu ihnen: Euch steht es nicht zu, Zeiten und Fristen zu erfahren, die der Vater in seiner Macht festgesetzt hat. Aber ihr werdet die Kraft des Heiligen Geistes empfangen, der auf euch herabkommen wird; und ihr werdet meine Zeugen sein in Jerusalem und in ganz Judäa und Samarien und bis an die Grenzen der Erde.

Apg 1,6-8

GLAUBENSBEKENNTNIS
ZUM HEILIGEN GEIST

*I*ch glaube an den Heiligen Geist.
Ich glaube,
dass er meine Vorurteile abbauen kann.
Ich glaube,
dass er meine Gewohnheiten ändern kann.
Ich glaube,
dass er meine Gleichgültigkeit überwinden kann.
Ich glaube,
dass er mir Fantasie zur Liebe geben kann.
Ich glaube,
dass er mir Warnung vor dem Bösen geben kann.
Ich glaube,
dass er mir Mut für das Gute geben kann.
Ich glaube,
dass er meine Traurigkeit besiegen kann.
Ich glaube,
dass er mir Liebe zu Gottes Wort geben kann.
Ich glaube,
dass er mir Minderwertigkeitsgefühle nehmen kann.

Ich glaube,
dass er mir Kraft in meinem Leiden geben kann.
Ich glaube,
dass er mir Mitmenschen an die Seite geben kann.
Ich glaube,
dass er mein Wesen durchdringen kann.

Karl Rahner

HYMNUS

Und wieder führt das Jahr herauf
der sel'gen Freude hohen Tag:
Der Beistand, den der Herr verhieß,
wird seinen Jüngern heut geschenkt.

In Flammen stürzt das Licht herab
und strahlt in Feuerzungen auf,
dass Glut der Liebe sie durchströmt
und ihrem Worte Macht verleiht.

In allen Sprachen reden sie,
die Menge staunt und steht gebannt,
man glaubt vom Weine sie berauscht,
die doch vom Geiste trunken sind.

Wir bitten dich, du guter Gott,
mit tief geneigtem Angesicht:
Des Geistes Gaben gieße nun
auch über uns in Gnaden aus.

Dir, Gott und Vater, sei der Ruhm,
dem Sohne, der vom Tod erstand,
dem Geist, der unser Beistand ist,
durch alle Zeit und Ewigkeit. Amen.

Altkirchlich

„… DENN JEDER HÖRTE SIE IN SEINER SPRACHE REDEN" (Apg 2,6)

[…] Der Evangelist Lukas berichtet in der Apostelgeschichte vom Geschehen am Pfingsttag und seinen unmittelbaren Folgen: Die Jünger sind beisammen und werden vom Heiligen Geist erfüllt. Die Kraft des Heiligen Geistes, die Gabe des Glaubens erschließt ihnen eine ganz neue Erfahrung mit der Wirklichkeit. Menschen aus allen Völkern – so berichtet Lukas – waren zusammen gekommen. Die Jünger sprechen zu ihnen – und was geschieht? »Jeder hörte sie in seiner Sprache reden.« Jeder versteht, was die Jünger erzählen und berichten. Alle werden von innen her berührt und angesprochen. Lukas schreibt im griechischen Original: »äkouon heis hekastos« – ein jeder hörte sie – »tä idia dialekto« – in seinem Dialekt, in der ganz eigenen, ursprünglichen Sprache seiner Herkunft und Prägung. Lukas verwendet den Begriff »dialektos«, den wir auch heute noch kennen, eben als den »Dialekt«. Im Dialekt sind wir aufgewachsen, der Dialekt ist die vertrauteste, die ursprünglichste Form der Sprache. Er steht für Heimat, für das

Gegenteil von Fremdheit und Angst. Der Dialekt schenkt Geborgenheit. Wer, wie ich selbst, bedingt durch den Krieg, in frühen Jahren die Heimat verloren hat oder wer seit Jahrzehnten fern der Heimat lebt, der weiß, wie es ist, wenn man irgendwo ganz unerwartet wieder einmal den Klang heimatlicher Stimmen hört. Das Herz geht einem auf!

Wer sich angesprochen weiß, wer versteht und sich verstanden weiß, hat einen Ort, Heimat gefunden. Wer im Glauben an Gott den tragenden Grund seines Lebens spürt, dass er eine Heimat hat – eine Heimat, die Gott schenkt und die Wirklichkeit wird in der Gemeinschaft der Glaubenden.

Damit rühren wir an eine große Frage, an starke Ängste vieler Menschen unter uns. Heimatlosigkeit, in der Fremde zu leben kann heute sehr viele Gesichter haben: Nur noch eine Nummer sein, auf dem Abstellgleis stehen, reduziert werden auf die Rolle als Konsument, abhängig sein von den anonymen Mächten, die mehr und mehr unsere Wirtschaft prägen und damit ganze Lebensgeschichten beherrschen. Nicht mehr zur Ruhe kommen. Das moderne Leben fordert uns heraus, hierhin zu hetzen und dorthin, das erleben zu müssen und jenes noch mitzunehmen. Auf keinen Fall zu kurz kommen

zu dürfen. Wahrlich, in der Fremde zu leben, keinen Halte- oder Ruhepunkt haben, nicht bei sich sein – das hat heute bei uns eine Fülle von Facetten!

Pfingsten, die Kraft des Geistes Gottes, lässt uns etwas ganz Anderes entdecken, nämlich die Erfahrung: Du bist gewollt und bejaht, als Mensch, ganz und gar, du darfst sein! Die frühen Christen waren so überzeugend, weil beispielsweise Sklaven die Erfahrung machen durften: Ich gehöre dazu, die Christen sehen in mir den Menschen, der ich bin. Gerade die, die keine Beachtung fanden, spürten nun etwas ganz Neues:

Die Christen sehen die Welt und die Menschen von Gott her – und damit zerfällt, zerbricht jede Entfremdung. Heimat entsteht, die mich leben lässt. Der Glaube wird immer dann überzeugend verkündet, wenn Menschen spüren, wo sie mit all ihrer wahren, aufrichtigen und echten Sehnsucht eine Heimat haben, eben nicht in der Fremde dieser Welt!

Die Menschen verschiedener Sprachen und Völker, die zum Pfingstfest in Jerusalem versammelt sind, hören die Apostel in ihrem je eigenen Dialekt reden. Sie verstehen und wissen sich verstanden. Es ist die Kraft des Heiligen Geistes Gottes,

die sie zusammenführt und ihnen Heimat gibt in der Gemeinschaft des Glaubens.

Dreitausend Menschen, so endet der Bericht der Apostelgeschichte zum Pfingstfest, finden zum Glauben. Sie haben etwas neues entdeckt, eine tiefere Heimat.

Dazu gehört die Erfahrung, dass der gemeinsame Glaube Gemeinschaft schafft und die Vielen zu Schwestern und Brüdern werden lässt, die sich in der Freude über diese neue Erfahrung im Glauben stärken, den Glauben teilen, den Glauben der Schwester, des Bruders mittragen und in der Dankbarkeit des Herzens immer mehr Gemeinschaft im Glauben werden. [...]

Robert Zollitsch

DEN BLICK HIMMELWÄRTS

*W*ahr ist es,
einmal reißt es uns alle hinauf
aus Zerfall in ewige Jugend,
aus Sterben ins Leben,
aus Siechtum in siegende Kraft,
aus Kleinheit in Glorie,
aus engen Zeiten in ewige Weiten.
So wird es sein, ja so,
wenn wir ewig daheim sind bei Christus.

Cyrill von Alexandrien

GABEN DES HEILIGEN GEISTES

Der Geist ist Gabe und Geschenk Gottes. Sein Reichtum erweist sich zuerst in der Fülle seiner Wirkungen. In der Hl. Schrift lernt man ein sehr weites Spektrum dieser Wirkungen des Geistes kennen: charismatische Worte der Weisheit, der Lehre und des Trostes; Psalmen, Hymnen und Lieder; Zeichen, Wunder und Krafterweise; Hilfeleistungen und scheinbar geringe Dienste für die Gemeinde, wie z. B. die Gaben der Leitung und des Almosenverteilens, Prophetie und ekstatische Liebe. So ist der Geist in der Fülle und in der Vielfalt seiner Gaben das Band des Friedens und der Gemeinschaft der Kirche.

Schon sehr früh wurde ein anderes Bündel solcher Wirkungen des Geistes unter dem Stichwort »Die sieben Gaben des Geistes« zusammengefasst. In der Kirche gibt es eine lange und reiche theologische Tradition im Verständnis dieser Gaben. Halt und Zentrum aller Überlegungen bildet ein Wort des Propheten Jesaja, mit dem dieser die Eigenschaften eines gerechten Herrschers der Zukunft, vor allem in messianischer Zeit charakterisiert. Es

heißt dort: »Aus dem Baumstumpf Isais wächst ein Reis empor, ein junger Trieb aus seinen Wurzeln bringt Frucht. Der Geist des Herrn lässt sich nieder auf ihn: der Geist der Weisheit und der Einheit, der Geist des Rates und der Stärke, der Geist der Erkenntnis und der Gottesfurcht.«

Schon der griechische und der lateinische Übersetzungstext der Bibel zählen unter Hinzufügung der Frömmigkeit sieben Gaben auf. Die Siebenzahl ist bekanntlich ein Symbol für die Fülle, Vollkommenheit und Universalität der Geistesgaben. Aus der Leiter der sieben Gaben, aus ihrer Anordnung und aus ihrem Gefüge, will man immer wieder den Stufenweg des christlichen Glaubens zu einer immer größeren Vollkommenheit finden.

Die Fülle der Gaben ruht auf Jesus Christus selbst. Die Gläubigen haben durch die Frucht der Erlösung an ihr teil. Thomas von Aquin ist dabei der Auffassung, die sieben Gaben des Geistes seien für jeden Menschen notwendig, um das Heil erlangen zu können. Man muss sie eher als bleibende Einstellungen und grundlegende Verhaltensweisen des Glaubenden verstehen, weniger als einzelne Akte. Sie sollen den Christen ansprechbar und empfänglich machen, damit dieser mit

allen seinen Kräften auf die Impulse der Gnade eingehen kann. Die Gaben des Geistes befähigen den Menschen, den Anruf Gottes zu vernehmen und seinen Inspirationen zu folgen. Vorbildlich werden die Gaben des Geistes von den Heiligen gelebt.

Drei Paare von Geistesgaben sind besonders wichtig: Weisheit und Einsicht, Rat und Stärke, Erkenntnis und Gottesfurcht. Es ist leicht einsichtig zu machen, dass der Mensch, der Verantwortung übernimmt für andere, besonders auf diese Gaben angewiesen ist. Es sind gerade auch Gaben der Führung. Heute sind dies jedoch nicht mehr in erster Linie ausgewählte Herrscher, sondern im Grunde gelten diese Gaben jedem einzelnen Christen. Er muss selbst fähig sein zur Leitung nicht primär anderer, sondern er muss sich selbst in der Hand haben, beherrschen und in kluger Weise wirksam werden.

In dieser Hinsicht sollen kurz die genannten drei Paare der Geistesgaben charakterisiert werden:

- Weisheit und Einsicht: Damit ist nicht in erster Linie Intelligenz und Fertigkeit des bloßen Verstandes gemeint. Es kommt im Glauben immer darauf an, dass man das Ganze der Wirklichkeit

und des Lebens nicht aus dem Auge verliert. Es geht stets um den Sinn des Lebens und der ganzen Welt. Wer dies im Auge behält, kann die Dinge erst richtig einschätzen. Dazu braucht man Gelassenheit und Überblick, innere Ruhe, vor allem aber Weisheit, die nicht auf momentane Blendungen hereinfällt, sondern um den bleibenden Rang der Dinge weiß. Gerade heute spüren wir, wie wichtig für uns weise Lehrer des Lebens sind.

- Rat und Stärke: Was mit »Rat« gemeint ist, versteht man am besten, wenn man von schlechten Ratgebern ausgeht, die eine verheerende Wirkung haben können. Dazu gehören auch egoistische Beeinflussungsversuche. Ja man wird auch alle Künste loser Überredung und verführerischer Werbung dazu zählen. Wer dagegen einen selbstlosen Rat erhält und solche Ratgeber hat, kann sich glücklich preisen. Wir holen uns oft den Rat der Schmeichler und schätzen das, was uns leicht eingeht. Wir dürfen dabei ruhig auch an die Planungsfähigkeit des Menschen denken, die richtig umzugehen weiß mit der Zukunft. Daraus erwachsen die Stärke und die Festigkeit im Sinne entschlosse-

nen Handelns. Kraft dieser Art besitzt man jedoch nur, wenn man Einsicht und Weisheit, Klarheit und Festigkeit besitzt.

- Erkenntnis und Gottesfurcht: Mit Erkenntnis ist zweifellos die Gotteserkenntnis gemeint. Sie ist in der Bibel immer praktisch. Es ist der Verzicht auf Götzendienst und Verehrung irdischer Güter. Alles kommt immer darauf an, den wahren Gott zu suchen, und in ihm Liebe, Recht und Gerechtigkeit. Mit der Gottesfurcht tun wir uns besonders schwer. Wir setzen dies oft gleich mit der Angst vor einem übermächtigen Gott, der uns beherrscht und in die Knie zwingt. Zunächst ist damit gewiss Respekt vor Gott und seinen Ordnungen gemeint. Aber es geht noch um mehr: Der Mensch muss aufmerksam bleiben, dass er nicht hochmütig wird, sich in seiner Macht überschätzt und keine Grenzen mehr kennt. Er kommt sich dann vor wie Gott selbst. Dies ist die Ursünde, dass der kreatürliche Mensch vermessen wird, die ihm zugedachten Begrenzungen nicht mehr erkennt und dabei über alle Stränge schlägt. Gerade heute sind wir in Gefahr, dass wir uns zu Herren der Welt und des Lebens aufspreizen und uns dabei

übernehmen. Es fehlt uns dann der Respekt, vor allem auch die Ehrfurcht vor Gott. Wir benehmen uns wie die Herren der Welt und vergessen unsere Begrenztheit. Es ist eine besondere Gabe des Geistes, wenn wir in diesem Sinne bescheiden bleiben und eine Art kreatürlicher Demut bewahren. Wir spüren es besonders, wenn wir über das Verhältnis des Menschen zum Leben und besonders zum Leben des ungeborenen, ohnmächtigen Kindes nachdenken, das sich selbst gegen Gewalt nicht wehren kann.

So ist auch verständlich, dass die Tradition noch einen Gesichtspunkt anfügt und so das Ganze abrundet, nämlich die »Frömmigkeit«. Sie gibt allem das Maß vor, das der Mensch immer wieder weise benutzen muss, besonders wenn es um das Verhältnis zu Gott, zu den Mitmenschen und zu allen Kreaturen geht.

Die Gaben des Hl. Geistes sind heute für den Menschen besonders notwendig. Wir können sonst keinen guten Gebrauch machen von der uns anvertrauten Welt, werfen uns zu Herren auf und stellen uns über alles, das wir in Besitz nehmen und darüber verfügen wollen. Aber heute ist dies

nicht mehr nur der König und der Führer des Volkes, der diese Eigenschaften braucht. Es sind die Gaben und Tugenden, die ein jeder in unserer Welt braucht, der Verantwortung übernimmt. Sie werden uns durch den Geist in unser Inneres gelegt, damit sie durch uns hindurch ein Zeugnis des Glaubens werden in der Welt.
Amen.

Karl Kardinal Lehmann

GELOBT SEI GOTT, DER HEILIGE GEIST!

*H*eut loben wir die dritte Person,
die kommt vom Vater und vom Sohn.

Dem Vater gleich und gleich dem Sohn,
ein einiger Gott auf einem Thron.

An Allmacht gleich und Ewigkeit,
unendlich in Vollkommenheit.

Er ist die höchste Lieb allein
und flößt uns wahre Liebe ein.

O Lebensbrunn, o Lieb, o Feuer,
o Salbung, ewig wert und teuer!
Alleluja!

Aus dem 13. Jahrhundert

WEGWEISER IM LABYRINTH
UNSERER ZEIT

Gottes Geist bewirkt in uns Gnadengaben, die man in der Kirche unverkennbar entdecken kann. Nicht bei allen, aber immer wieder bei Einzelnen, bei manchen vollkommen, bei anderen einen Teil davon.

Die Gabe der Weisheit: Dies ist die Gabe, die die Macher meist nicht haben. Man trifft sie eher an bei den Geruhsamen und Vorausschauenden. Weisheit ist der Geschmack für das Göttliche. Ein weiser Mensch kann unterscheiden zwischen Wertvollem und Unbedeutendem. Unsere Zeit produziert viel geistigen Überschuss. Man redet so dahin. Der Weise sagt eher weniger, aber er sagt es mit Bedacht. Der Weise fragt: Ob er das Gesagte vor Gott verantworten könne? Ob es seinem Willen entspricht? Da kommen ganz andere Entscheidungen zum Tragen als bei den Zeitgenossen mit den vorschnellen Entschlüssen und Schüssen. Wir müssen um den Geist der Weisheiten beten.

Der Geist des Verstandes: Da geht es nicht in erster Linie um das größte Wissensspektrum, son-

dern um die Fähigkeit, Gott zu entdecken. Gott finden mitten in unserem Leben. Dort Gott entdecken, wo er in einem Menschen zur Entfaltung gekommen ist. Das Wirken des Heiligen Geistes in der Geschichte der Vergangenheit und in der Gegenwart finden – das ist eine spannende Entdeckungsfahrt. In diesem Finden Gottes mitten in der Welt liegt die Chance, sich aus allem Pessimismus zu befreien und zu erkennen, dass der Auferstandene, der seinen Geist am Kreuz in diese Welt ausgehaucht hat, doch der Sieger ist. Christlicher Optimismus ist darin begründet und nicht in oberflächlichen Emotionen.

Der Geist des Rates: Es ist eine herrliche Begabung, anderen zeigen zu können, in welcher Richtung Lösungen zu finden sind. In der Ratlosigkeit mancher Zeitgenossen kann der vom Heiligen Geist Begnadete so zum Retter in ganz schlimmen Verwirrungen werden. Wir müssen manchen helfen, aus dem Labyrinth verflachter Denkstrukturen herauszufinden. Beten wir um den Geist des Rates.

Der Geist der Stärke: Souveränität hat der Mensch nicht aus dem Eigenen. Viele bilden sich nur ein, sie hätten Macht. Der wirklich souveräne Mensch

verlässt sich auf die Kraft des Heiligen Geistes. Da liegt seine Stärke. Wir brauchen diese Stärke, um gegen den Strom des Zeitgeistes anzutreten. Ohne den Geist der Stärke werden wir von den Sinnentleerungen weggespült. Wir müssen beten um den Geist der Standhaftigkeit und der Stärke.

Der Geist der Wissenschaft: Die Zusammenhänge des Seins von Gott her deuten, das steht im Gegensatz zur sinnentleerenden Erklärung des Ganzen als reines Zufallsprodukt. Wissenschaft kann geistlos sein. Wissenschaft aber im Heiligen Geist orientiert sich an der absoluten Wahrheit und setzt so im Menschen Grenzen, die die wahre Freiheit zu retten vermag.

Der Geist der Frömmigkeit: Gottes Geist bewirkt, dass der Mensch ständig bei Gott sein kann, auch bei Gott im Nächsten. Frömmigkeit heißt an der Mitte des Lebens bleiben und nicht aus der Bahn geschleudert werden. Da ist der Mensch in Ordnung. Beten wir um den Geist der Frömmigkeit.

Der Geist der Gottesfurcht: Er ist es, der uns realistisch bleiben lässt. Er gibt uns das Wissen, dass wir Sünder sind und seine rettende Hand brauchen. Der Geist der Gottesfurcht degradiert den Herrn nicht zum Kumpel. Er lässt uns um Hilfe

rufen in der Not der Sünde und vertraut, Tag für Tag neu anfangen zu können. Beten wir um den Geist der ehrfürchtigen Anerkennung Gottes.

Joachim Reinelt

*K*omm, Heiliger Geist,
erfülle unsere Herzen
mit brennender Sehnsucht
nach der Wahrheit, dem rechten Weg
und dem vollen Leben.
Entzünde in uns dein Feuer,
dass wir selber davon zum Lichte werden,
das leuchtet und wärmt und tröstet.
Lass unsere schwerfälligen Zungen Worte finden,
die von deiner Liebe und Schönheit sprechen.
Schaffe uns neu,
dass wir Menschen der Liebe werden,
dann werden wir das Antlitz der Erde erneuern.
Komm, Heiliger Geist,
erleuchte uns, stärke uns, bleibe bei uns. Amen.

Aus der Ostkirche

*H*err, erwecke deine Kirche
und fange bei mir an.
Herr, baue deine Gemeinde auf
und fange bei mir an.
Herr, lass Frieden und Gotteserkenntnis
überall auf Erden kommen
und fange bei mir an.
Herr, bringe deine Liebe und Wahrheit
zu allen Menschen
und fange bei mir an.

Aus China

ÜBERALL WEHT GOTTES GEIST

*I*ch glaube an den Heiligen Geist
der Kraft und Erkenntnis gibt
im Jetzt zu handeln
und jetzt schon zu leben
was dann einmal sein wird.

Ich glaube an den Heiligen Geist
weil ich sehe
höre und spüre
wie die gleiche Kraft
die von dir Jesus ausgeht
auch heute wirkt!

Ich sehe den Heiligen Geist
die Kraft aus der Höhe
rund um den Globus am Werke
in der großen Gemeinschaft der Menschen
in jeder Regung des Guten
in jedem Sturm der Entrüstung
gegen Verdummung und Unrecht
in jedem Aufstand zur Befreiung aus Ketten
in jedem frischen Wind

der Erstarrtes in Bewegung bringt
in jedem Wehen
das Luft macht zum Atmen …
– die Kraft drei-einender Liebe
die in allen Religionen und Kulturen wirkt
und wo immer »Himmel auf Erden« ist.

Ich spüre diesen Geist
die göttliche Weisheit
wo immer mich Wahrheit berührt
Wahrheit mich anfragt
Wahrheit mich aufbricht
in den Schriften eines Johannes vom Kreuz
wie ebenso im Brief einer Ratsuchenden.

Ich glaube an Dich
Du heiliger Geist!

Reinhard Körner

PSALM 1
GLÜCKLICH DIE KIRCHE

Glücklich die Kirche,
die nicht sitzt im Rat der Ratlosen;
die sich nur um sich selber dreht.

Glücklich die Kirche,
die nicht die Wege geht der Sünde und Schande –
ohne Sinn und Verstand;
in der sich alles um das Geld dreht.

Glücklich die Kirche
die kein Risiko scheut;
die sich selber aufs Spiel setzt –
die die Güte Gottes austeilt an die Armen
mit vollen Händen.

Glücklich die Kirche,
die Lust hat an den Geboten Gottes;
die das Leben auf Erden schützt
auf allen Kontinenten.

Glücklich die Kirche,
in der Menschen zusammenkommen
ohne Angst und Furcht;
sie wird zum Ort der Befreiung.

Glücklich die Kirche,
die hungert und dürstet nach Gerechtigkeit;
ihre Sehnsucht wird gestillt.

Glücklich die Kirche,
die durchschaubar ist für Jung und Alt;
in ihr werden wir Gott schauen.

Uwe Seidel

Atme in mir, du Heiliger Geist,
dass ich Heiliges denke!

Treibe mich, du Heiliger Geist,
dass ich Heiliges tue!

Locke mich, du Heiliger Geist,
dass ich Heiliges liebe!

Stärke mich, du Heiliger Geist,
dass ich Heiliges hüte!

Hüte mich, du Heiliger Geist,
dass ich es nimmer verliere!

Augustinus

SOMMERGESANG

*G*eh aus, mein Herz, und suche Freud
in dieser lieben Sommerzeit
an deines Gottes Gaben;
schau an der schönen Gärten Zier
und siehe, wie sie mir und dir
sich ausgeschmücket haben.

Die Bäume stehen voller Laub,
das Erdreich decket seinen Staub
mit einem grünen Kleide;
Narzissus und die Tulipan,
die ziehen sich viel schöner an
als Salomonis Seide.

Die Lerche schwingt sich in die Luft,
das Täublein fliegt aus seiner Kluft
und macht sich in die Wälder;
die hochbegabte Nachtigall
ergötzt und füllt mit ihrem Schall
Berg, Hügel, Tal und Felder.

Ich selber kann und mag nicht ruhn,
des großen Gottes großes Tun
erweckt mir alle Sinnen;
ich singe mit, wenn alles singt,
und lasse, was dem Höchsten klingt,
aus meinem Herzen rinnen.

Hilf mir und segne meinen Geist
mit Segen, der vom Himmel fleußt,
dass ich dir stetig blühe;
gib, dass der Sommer deiner Gnad
in meiner Seele früh und spat
viel Glaubensfrüchte ziehe.

Mach in mir deinem Geiste Raum,
dass ich dir werd ein guter Baum,
und lass mich Wurzel treiben.
Verleihe, dass zu deinem Ruhm
ich deines Gartens schöne Blum
und Pflanze möge bleiben.

Paul Gerhardt

Quellenverzeichnis

Dietrich Bonhoeffer, Christi Himmelfahrt. Aus Dietrich Bonhoeffer, Nachfolge; Was heißt Auferstehung. Aus Dietrich Bonhoeffer, Barcelona, Berlin, Amerika 1928-1931 © Gütersloher Verlagshaus, Gütersloh, in der Verlagsgruppe Random House GmbH, München

Anselm Grün, Es gibt nichts, was mich trennen kann. Rechte beim Autor

Klaus Peter Hertzsch, Weg nach Emmaus. Rechte beim Autor.

Hermann Hesse, Notizblätter um Ostern. Aus Hermann Hesse, Sämtliche Werke. Herausgegeben von Volker Michels. Band 12: Autobiografische Schriften II. Selbstzeugnisse. Erinnerungen. Gedankenblätter und Rundbriefe © Suhrkamp Verlag, Frankfurt am Main 2003

Hanns Dieter Hüsch, Zu Himmelfahrt. Aus Hanns Dieter Hüsch/Uwe Seidel, Ich stehe unter Gottes Schutz, Seite 57, 2007/10 © tvd-Verlag Düsseldorf, 1996

Maria Jepsen, Der, dem ich vertraute … Rechte bei der Autorin.

Margot Käßmann, Osterpredigt in der Marktkirche von Hannover am 22. April 2001. Rechte bei der Autorin

Reinhard Körner, Warum ich an die Auferstehung glaube. Aus: Unterwegs mit dir Jesus. St. Benno-Verlag GmbH, Leipzig 2007

Reinhard Körner, Überall weht Gottes Geist. Aus: Mein Glaubensbekenntnis. Mit Bildern von Sieger Köder. St. Benno-Verlag GmbH, Leipzig 2008

Odilo Lechner, Die Kraft der Auferstehung. Aus: Die Fülle des Lebens. St. Benno-Verlag GmbH, Leipzig 2006

Karl Lehmann, Die Emmaus-Jünger. Stark gekürzter Artikel aus: Zugang zum Ostergeschehen heute. Am Beispiel der

Emmauserzählung. In: Internationale katholische Zeitschrift „Communio" 11 (1982), S. 42-50

Karl Lehmann, Die Gaben des Heiligen Geistes, Predigt im Pontifikalgottesdienst am Pfingstmontag, 3. Juni 2001 im Hohen Dom zu Mainz (Predigttext Jes 11,2f.) bisher unveröffentlicht

Reinhard Marx, Das ganze unzerstörbare Leben. In: Gedanken zum Evangelium der Sonn- und Feiertage im Kirchenjahr 2008/2009, Lesejahr B. Herausgegeben vom Bischöflichen Generalvikariat Trier, Zentralbereich Pastoral und Gesellschaft, in Verbindung mit der Paulinus Wochenzeitung im Bistum Trier, Trier 2008, 126f.

Claus Peter März, Das leere Grab aus TAG DES HERRN vom 19. April 1992

Heinrich Mussinghoff, Predigt zum Fest Christi Himmelfahrt, Aachen, 25. Mai 2006

Sabine Pemsel-Maier, Worauf gründet der Osterglaube. Aus: Konradsblatt 14/2007, S. 16

Karl Rahner, Im Herrn – Gebete als Manuskript gedruckt für die deutschen Provinzen der Gesellschaft Jesu, Kevelaer 1938

Joachim Reinelt, Wegweiser im Labyrinth unserer Zeit. Gedanken zum Pfingstfest. Aus: TAG DES HERRN, Pfingsten 2004

Annette Schavan, Dem Scheitern gehört nicht das letzte Wort. Rechte bei der Autorin

Uwe Seidel, Glücklich die Kirche. Aus Hanns Dieter Hüsch/Uwe Seidel, Ich stehe unter Gottes Schutz, Seite 64, 2007/10 © tvd-Verlag Düsseldorf, 1996

Uwe Seidel, Osternacht (Bruder Christus). Aus Hanns Dieter Hüsch/Uwe Seidel, Ich stehe unter Gottes Schutz, Seite 47, 2007/10 © tvd-Verlag Düsseldorf, 1996

Fulbert Steffensky, Gottes fröhliche Stadt. Rechte beim Autor

Erwin Teufel, Der Glaube an die Auferweckung Jesu … Rechte beim Autor

Joachim Wanke, An Ostern glauben – aus Ostern leben. Predigt zum Osterfest am 16. April 2006 im Erfurter Dom. Rechte beim Autor

Jörg Zink, In der Osterzeit. Rechte beim Autor

Robert Zollitsch, … denn jeder hörte sie in seiner Sprache reden, Predigt zum Pfingstfest im Freiburger Münster am 30. Mai 2004

INHALTSVERZEICHNIS